島津氏と薩摩藩の歴史

五味文彦

吉川弘文館

はじめに

現代とのつながりを重視して見てゆくと、五十年から百年の単位で歴史の流れが変化してゆくことが見てとれてきたことから、この視点に沿い日本の歴史を古代から現代まで、『明日への日本歴史』全四巻（山川出版社、二〇二三年）を書くなか、島津氏の発展については、二つの論点が考えられた。

一つはその権力の形成について。これまでは摂関家の家司が京から下ってきて権力を握ったという見方がされてきたのであるが、その見解に特段の根拠があるわけではなく、そうした事例は他にはない。この点については、二〇二三年十一月四日 都城《みやこのじょう》島津邸での講演「島津氏と島津荘」で論じたことを通じ、明らかにしてゆくことにする。

もう一つの論点は、島津氏が薩摩藩国家を形成し、幕末期には長州藩と並んで倒幕の一大勢力となったことについてであるが、どうしてそうなったのか、島津斉彬や西郷隆盛・大久保利通等の傑出した存在に帰してきたのだが、それはそうとしても、彼らを生んだ土壌を考えねばならない。そのためには通史的分析が必要であって、かつて発表した論文「領主支配と開発の展開」(『史学雑誌』七七ノ八、一九六八年)があるので、この内容をとりこみつつ探ってゆきたい。

本書は、先学の学恩を思いつつも、島津氏が院政期から幕末まで、長期にわたって権力を築いてきたのはなぜかを考えるにあたり、これまでは先学が対象を小さく設定してきたためか、八百五十年に及ぶ島津氏と薩摩藩の政治・文化・社会の動きを捉える広い視野が生まれなかったことに鑑み、島津氏と薩摩藩の政治・文化・社会の動きを一貫した視点から考察を廻らすことにする。

目次

一　島津氏と島津荘

島津荘の成立と惟宗為兼

寛仁三年（一〇一九）に刀伊《とい》の入寇に対応した大宰少弐の藤原蔵規《まさのり》は肥後国に下って菊池氏の祖となり、前少監《さきのしょうげん》大蔵種材《たねき》は筑前にあって原田氏の祖となった。彼らはともに大宰府の府官出身の有力者であった。

それから七年後の万寿三年（一〇二六）三月二十三日と、翌年九月四日の大宰府解《げ》を見ると、「従五位下行大監《ぎょうだいげん》平朝臣季基《すえもと》」が府官として署判を加えている。その大宰大監平季基が島津荘を成立させた、と建暦三年（一二一三）四月の僧智恵訴状が記しており、正応四年（一二九一）頃の島津荘官等申状《もうしじょう》は万寿年間（一〇二四～一〇二八）に季基が「無主荒野之地」を開発し、これを宇治関白家藤原頼通に寄進した、と記し、この地は日向国諸県《もろかた》郡島津院（宮崎県都城《みやこのじょう》市郡元《こおりもと》）と見られている。

その季基と子兼光《かねみつ》は、長元元年（一〇二八）に大隅国の国庁や国守館、民家、藤原良季《よしすえ》の住宅を焼き討ちする事件を起こし、大隅守の訴えで両人は都に召喚されることがあって、その後の消息は不明である。大宰府に関連する治暦二年（一〇六六）六月四日の造観世音寺行事所への請文《うけぶみ》には、平姓の府官はおらず、季基とその子は没落したと見られるのだが、一方で、その府官の一人に「大監惟宗朝《これむね》臣」がおり、これが注目に値する。

三年後延久元年（一〇六九）の延久の荘園整理令によって荘園公領制が成立するとともに、島津荘の体制も確立したと見られるなか、永長二年（一〇九七）の大宰府政所《まんどころ》の文書に府官「大監惟宗朝臣」がいて、平姓の人物はおらず、大宰府との関係の深い島津荘を現地で支配したのは惟宗氏となったものと考えられる。すなわち島津荘は大宰大監平季基によって開かれたものの、その領域拡大にあたったのは府官の惟宗氏であり、その流れに島津氏があったと考えられるのである。

承徳三年（一〇九九）九月二十二日の観世音寺五重塔の造営分担が九州各国に宛てられた際、日向では「監代《げんだい》惟宗為兼」、大隅では「監代伴《とも》朝臣政忠」が催促にあたっていることからも、この惟宗為兼の流れが島津氏に繋がったと考えられるのであり、島津荘の政所は、島津の地名がある都城市の郡元に置かれたと見られ、その為兼の館があったと考えられるのが郡元の西原《にしばる》遺跡である。遺跡は都城盆地の中央部のやや南の沖水川左岸の開析扇状地にあり、大型溝状遺構・小型溝状遺構により区画され、区画内に掘立柱建物があり、少量の白磁壺が出土している。この白磁壺は博多経由でもたらされたのであろう。

図1-1　郡元西原遺跡 領主館推定規模図（都城市教育委員会）

島津荘の動き

天養二年（一一四五）三月十二日に前大隅掾《おおすみのじょう》建部頼清は嫡子の清貞に桑西郷《くわのさいごう》の皆尾村《みなおむら》と禰寝南俣《ねじめみなみまた》の作志木、志天利《してり》を充て行なっており、この時期までに建部（禰寝）氏は在地領主として成長していたことがわかる。

久安三年（一一四七）二月九日の文書で薩摩の入《いり》来院《きいん》弁済使《べざいし》別当の伴信房《のぶふさ》は、島津荘政所に対し、山田村の地頭を安堵して欲しいと訴え、「外題《げだい》」に「右衛門尉中原」がその地を安堵している。地頭の語が見えていて偽文書《ぎもんじょ》かと疑われているが、地頭の語の早い例と見ればよく、この時期に作成されたものと見てよいであろう。この文書によって摂関家領島津荘の領域が薩摩にまで及んでいたこと、弁済使が現地を支配し、荘の年貢所当の徴集にあたっていたことがわかる。なお、右衛門尉中原とは摂関家の家司と見られる。

保元・平治の乱を経て永暦二年（一一六一）三月の若宮不断経衆の僧兼賢は、師の快賢の遺言により耕作した田畠を今年になって押し妨げられているので、その乱妨を排除して欲しいことなどを島津荘の政所に訴えている。承安五年（一一七四）八月十四日の島津荘政所下文は、百引村の弁済使職として僧安兼を派遣することを伝えているが、この下文に連署する別当は十人、うち伴姓が三人、漆島姓が二人、藤原姓が四人で、執行別当は藤原姓と伴姓である。

安元元年（一一七五）十二月の同内容の政所下文《まんどころくだしぶみ》には別当のほかに目代《もくだい》の伴朝臣が連署している。同二年七月の下文は「島津御庄」に充て、僧安兼の弁済使職を「相伝の文書」に基づいて補任しており、これを発給した「沙弥（花押）」は、荘園の預所、あるいは島津氏とも考えられる。「下」で始まる略式の下達文書である下文を、在地の武士が使い始めていた。

惟宗忠久の名が見えるのは、治承三年二月八日の春日祭の祭使の侍九人のうちに「左兵衛尉」とあるのが最初で、奈良の春日社に派遣されている。当時、春日社は藤原俊盛によって造替されており、境内の姿は今につながる。忠久は翌年五月六日の相撲の右近府真手結《まてつがい》の馬場の儀において、右大将藤原良通《よしみち》の御供人として見える（『玉葉』）。

地頭島津忠久

寿永二年（一一八三）に入来院の伴信明が、父信房から譲られた山田村を「薩摩国住人故忠景」により押し取られ、その後、弟忠永や仁六大夫兼宗に押領されていることを、薩摩の留守所に訴えて、前越中守平盛俊から安堵されている。忠景は平氏に対し反乱をおこした阿多権守忠景で、平盛俊は薩摩守平忠度《ただのり》の代官であった。

源頼朝は、平家を滅ぼした元暦二年（一一八六）に次の下文を出している。

(花押)

下　伊勢国波出《はで》御厨

補任　地頭職事

左兵衛尉惟宗忠久

右、件《くだん》の所は故出羽守平信兼の党類の領也。而《しか》るに信兼謀反を発《お》こすにより、追討せしめ畢《おわん》ぬ。仍《よっ》て先例に任せ、公役を勤仕せしめんが為め、地頭職に補する所也。早く彼の職として沙汰を致すべきの状、件の如し、以《もっ》て下す

元暦二年六月十五日

平信兼党類の没収所領である伊勢国波出御厨を左兵衛尉惟宗忠久に充てたもので、ほかに須可《すか》荘をも与えられた惟宗忠久と、頼朝との接触は、どこに求められようか。島津荘は摂関家の荘園であった

ことから、忠久がしばしば上洛しており、鎌倉に下った大江広元や三善康信などの下級官人と京都で接触していたのであろう。

頼朝は、前年三月一日に鎮西九国住人に平家追討を促す下文を出していたので、平家追討後の九州支配のため、忠久を重用したと考えられる。その直後の十一月には、頼朝の下知にもとづいて、島津荘官宛てに忠久を下司職を任じた領家の大夫三位家の下文が出されている。大夫三位とは摂関家の家司から大納言にまで至った藤原邦綱の娘成子である。

この時に初めて下司職を任じたのではなく、没収所領ではないので、直接に任じることができず、領家を通じて安堵する形で任じたのであろう。その後、文治二年（一一八六）正月八日には信濃国塩田荘の地頭職を与えられているが、これは忠久の鎌倉滞在用に与えられたものであって、先の伊勢の波出御厨は京都の滞在用であったろう。

文治二年四月三日、頼朝は前年の「諸国諸庄地頭成敗」の「鎌倉進止」、すなわち頼朝の守護地頭支配権付与に基づいて、忠久を島津荘地頭に任じ、島津荘の荘官はその下知に従うように下文を発している。ここで下司は地頭に言い替えられている。七月十日にはその頼朝の命令を平盛時が奉じ、荘官らが「惣地頭忠久の下知」に従うように伝えていて、忠久は惣地頭とあり、在地には小地頭が存在していた。

八月三日には島津荘寄郡《よせごおり》五箇郡の郡司職に千葉常胤《つねたね》を任じたところ、代官が国司の下知に従わず、数々の非法を働くのを停止するよう頼朝が荘官に命じている。寄郡とは郡の雑役を免じ、その分を荘園に編入したものである。

文治三年（一一八六）五月三日に頼朝は、薩摩国住人の大秦元光の薩摩の牛屎院《うしくそいん》を安堵している。これは小城重道の申請によって島津荘惣地頭の忠久に命じて郡司弁済使職を充て給したところが、重道には相伝の由緒はなかったことによるものであり、同日に大秦元光が鎌倉に参上し、帰国することを鎮西奉行「伊豆藤内」（天野遠景）に伝えている。

表1-1　大隅国・薩摩国荘園公領一覧

大隅 種別	大隅 面積	薩摩 種別	薩摩 面積
	町段　歩		町段
島津一円荘	750.0.　0	島津一円荘	635.0
島津荘寄郡	715.8.180	島津荘寄郡	1,689.1
正八幡宮領	1,296.3.120	没官領*	820.6
不　輸	500.5.120	国　領	211.0
応　輸	795.8.　0	寺社領	655.0
国　領	255.3.300	安楽寺	154.4
公　田	106.0.180	弥勒寺	196.1
不　輸（経講田）	133.3.120	正八幡宮	225.3
府　社	16.0.　0	府領社	79.2
合　計	3,017.5.240	合　計	4,010.7

工藤敬一『荘園公領制の成立と内乱』による.
*薩摩国没官領には島津荘「寄郡」610町2段を含む.

文治三年十一月の大隅正八幡宮《しょうはちまんぐう》の神官らが本家政所に「謀叛人菱刈郡重弘・舎弟重信」が神領禰寝院南俣の地を押領することを訴えた訴状のなかで、南俣地頭職は大隅在庁の禰寝頼清の相伝の所帯であり、頼清死去後に正八幡宮に寄進されたと記している。禰寝氏は禰寝の地を大隅正八幡宮に寄進して地頭になったことがわかる。

同五年二月九日に頼朝は奥州合戦に向け、忠久に島津荘の荘官を召し進めるよう命じ、「武器に足る輩」は兵仗を帯び、七月十日以前に関東に参って忠節を尽すように伝え、その七月に頼朝は奥州に発向、藤原泰衡を滅ぼした。

この奥州合戦の際、頼朝は国府《こふ》の陣原《じんのはら》で過ごすなか、参陣していた「あかうそ三郎」(忠久)に追捕を命じ、北条や畠山らには狼藉をしないように伝え、また十一月二十四日に鹿児島の藤内康友《やすとも》が奥州から帰国するので、鹿児島の郡司職を元のように知行するよう天野遠景に伝え、忠久は十一月に島津荘政所を通じて、日置兼秀《かねひで》にこの度の奥入りの奉公を賞し日向北郷《ほんごう》の弁済使職を任じている。

頼朝は建久二年(一一九一)五月九日に薩摩の救二院《くにいん》の平八成直の奉公を賞し、弟為成の妨げを否定し、地頭弁済使職を安堵する事、十二月十一日には島津荘住人が忠久の下知に従うよう命じている。同三年十月二十二日には、阿多宣澄《あたのぶたね》の所領谷山郡・伊作《いさく》郡日置南郷・同北郷・新御領名田等につき、同人が平家張本であるとしてその職を解き、忠久を地頭職に任じ、同五年二月に鮫島宗家に阿多郡地頭と八か所の名主職を安堵し、忠久がその事を伝えている。

幕府と島津氏

建久三年(一一九二)三月十三日、後白河法皇が亡くなると、九条兼実は頼朝と協調して政治を推進、頼朝を七月十二日に征夷大将軍に任じると、頼朝は諸国の守護制度を整え、皇居を御家人が守護する大番役の制度を整え、諸国の在庁官人に国内の田数を記した大田文《おおたぶみ》を作成させ、地頭不設置の土地を探し出して政所《まんどころ》下文で地頭を補任、御家人の課役を定めたが、この方針に沿って、建久八年に日向・大隅・薩摩の三か国では図田帳が作成された。

島津荘は一円領が三千四百五町、半不輸領の寄郡が四千八百三十一町で、あわせて八千町余であり、それらは図1-2のように分布している。日向については、島津一円・島津寄郡を忠久が知行しており、大隅については島津荘の概略とその田数を記し、薩摩については、島津荘とその他の所領を記している。知行する地頭は表1-2のとおりである。

同年十二月三日には前右大将（頼朝）家政所下文により、左兵衛尉忠久に対し、大隅・薩摩両国の家人を奉行人として、内裏大番役を催促し、売買人を停止し、殺害以下の狼藉を停止するよう命じている。即ち両国の守護に忠久を任じたので、十二月二十四日に忠久は内裏大番役を務める御家人の名を注進している。

大隅国の御家人は「国方」と「宮方」があって、宮方には大隅一宮の大隅正八幡宮に仕える政所守平、長大夫清道以下の武士の名がある。長大夫清道の姓は息長で、『長門本平家物語』に平清盛に仕えて「都へ上りたりける時は、入道殿のうちにはえて振舞けり」と、羽振りが良かったとある。

忠久は建久九年正月三十日に左衛門尉に任じられ（『三長記』）、二月二十二日には島津荘内の飫肥《おび》南郷など郡司・弁済使等の名田や、中原親能《ちかよし》知行の惟澄《これずみ》の所領を知行するよう命じられており、これらは守護領として与えられたものである。

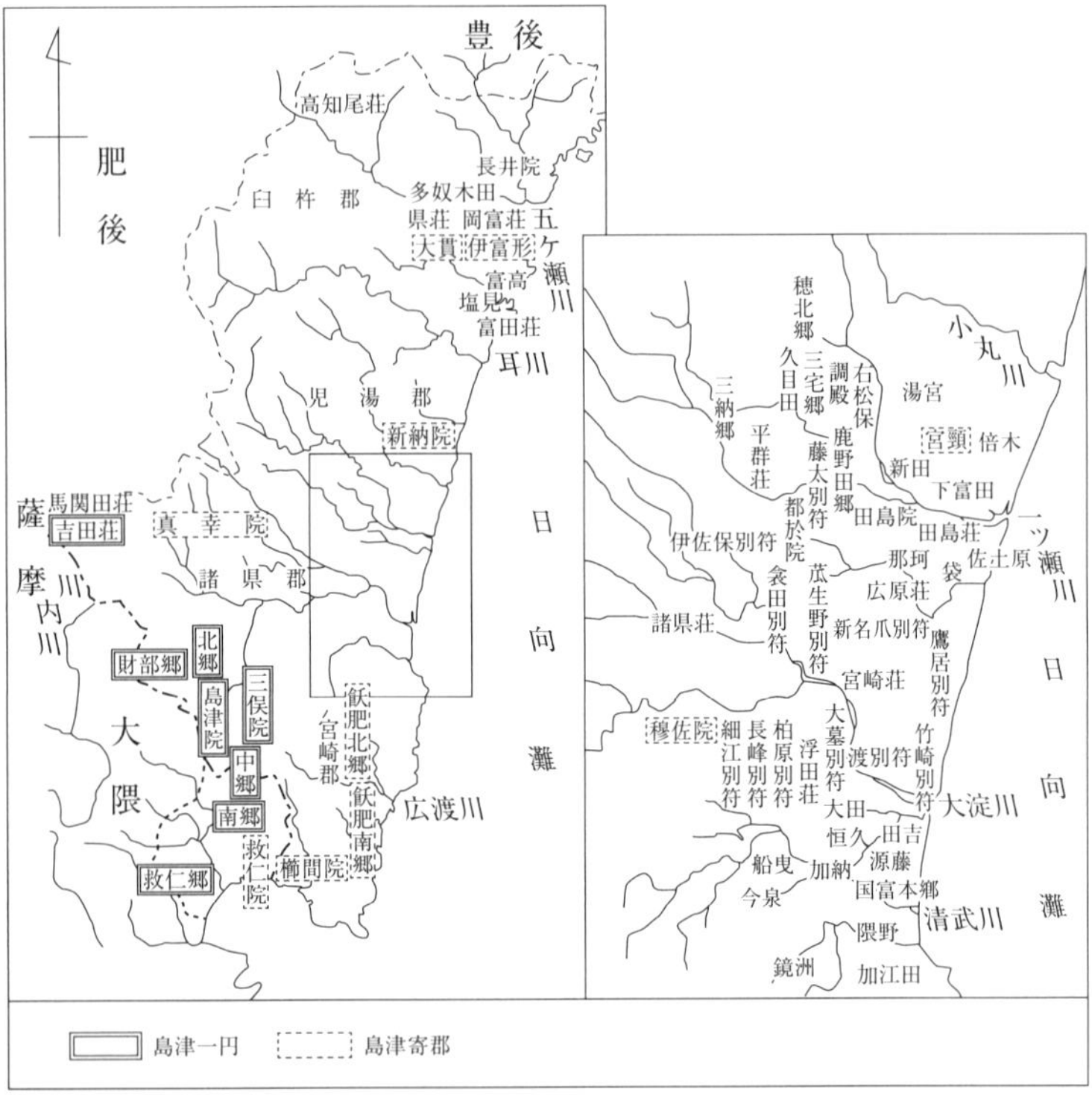

図 1-2-1　日向国荘園・公領(建久 8 年「日向国図田帳」等)

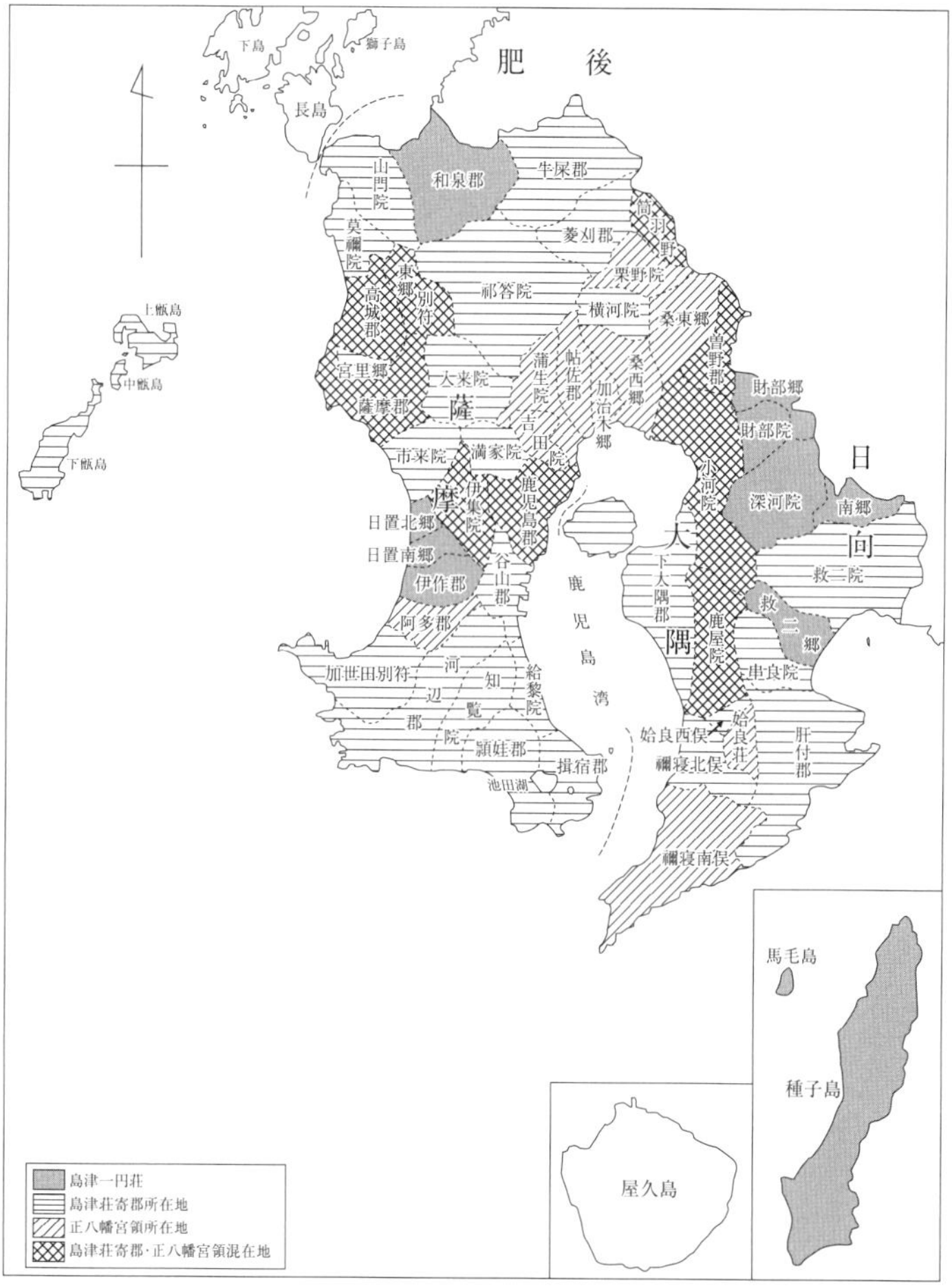

図 1-2-2　大隅・薩摩国中世郷荘

表1-2　薩摩国惣地頭配置

氏　名	郡・院・郷	荘・公領	名	田　数	種　　別
				町 段	
右衛門兵衛尉（島津忠久）	和泉郡	一円御領		350.	
	山門院	公　領		175.6	寄　郡
	莫禰院	〃		40.	〃
	薩摩郡	〃	時　吉	69.	〃
	〃	〃	若　松	50.	〃
	〃	〃	永　利	18.	〃
	〃	〃	吉　永	12.	〃
	〃	〃	火同丸	14.	〃
	宮里郷	〃		61.5	〃
	牛屎院	〃		360.	〃
	日置北郷	一円御領		70.	
	日置南郷	公　領		36.	寄郡・没官御領
	〃	一円御領		15.	
	満家院	公　領		130.	寄　郡
	伊集院	〃	谷　口	14.	寄郡・没官御領
	市来院	〃		150.	寄　郡
	伊作郡	一円御領		200.	
	加世田別符	公　領	山田村	20.	寄　郡
	〃	〃	千与富	40.	〃
	河辺郡	社　領		10.	府領五社内新田宮領
	〃	公　領		210.	寄　郡
	知覧院	〃		30.3	〃
	頴娃郡	〃		34.	〃
	揖宿郡	〃		37.7	〃

頼朝の死後、正治二年（一二〇〇）二月二十六日に頼家が鶴岡八幡宮に参詣した際の供奉人の御後衆二十人に相模守源惟義・武蔵守平賀朝政・掃部頭《かもんのかみ》大江広元らと並んで島津左衛門尉忠久の名がある。

頼家は建仁二年（一二〇二）七月二十三日に征夷大将軍になるも、御家人間の対立から、梶原景時が追放される事件がおき、頼家を支えていた比企氏の乱もおき、この事件を前後に、武蔵の菅谷館の畠山重

	給黎院	〃		40.	寄　郡	
	谷山郡	社　領		18.	府領五社内伊作知佐領	
	〃	公　領		182.	寄郡・没官御領	
	鹿児島郡	社　領		7.5	府領五社内郡本社	
	〃	公　領		197.	寄　郡	
	合　計			2591.6		
千葉介（千葉常胤）	高城郡	寺　領	温田浦	18.	弥勒寺・没官御領	
	〃	公　領	若　吉	36.	寄郡・没官御領	コノ中ヨリ10町減（若吉～三郎丸）
	〃	〃	時　吉	18.	〃	
	〃	〃	得　末	2.	〃	
	〃	〃	吉　枝	19.	〃	
	〃	〃	武　光	33.5	〃	
	〃	〃	三郎丸	10.	〃	
	東郷別符	〃		42.7	〃	
	祁答院	〃		112.	〃	
	入来院	社　領		15.	弥勒寺・没官御領	
	〃	公　領		75.	寄郡・没官御領	
	甑　島	〃		40.	〃	
	合　計			411.2		
佐女嶋四郎（鮫島宗家）	阿多郡	公　領		195.4	没官御領	
	加世田別符	〃	村　原	15.	〃	
	合　計			210.4		
掃部頭（中原親能）	鹿児島郡	社　領		80.	正八幡宮領荒田荘	

五味克夫「薩摩国建久図田帳雑考」『日本歴史』137号による．

忠、稲毛重成《しげなり》・梶原景時・比企能員ら有力大名が次々に殺害され、建仁三年九月四日に島津左衛門尉忠久の大隅・薩摩・日向等国の守護職が没収されている。「能員縁坐」によるものとあり、能員と縁戚関係にあったことによる。

建仁三年十月十九日、忠久は、上洛の間に無為無事、安穏安泰を祈って、衆集《しゅうしゅう》院《いん》本堂建立の大願を立て、島津に下った時には造立する、としている。縁坐による不遇からの復活を願ったものであろう。十一月十日には忠久が押領した、下大隅郡弁済使得分などの弁済使得分を京に運上することが命じられており、忠久は惣地頭職も奪われたことがわかる。

十二月九日に北条時政は、藤内康友が訴える鹿児島郡司ならびに弁済使職について、長沢左衛門尉に対し、康友、平忠純両方の理非を荘官に召して問い、沙汰するように命じている。この点から北条時政が薩摩の守護となったと考えられてきた。その可能性はなくもないが、国内の相論の裁判を行なうのは守護の職権ではなく、幕府の執権としての職権によるものである。十二月二十八日に北条時政は、薩摩の山門院の所帯・所職を建久四年九月四日の政所下文で本田秀忠に安堵しているので、この点から忠久の没収された薩摩の守護職は時政に与えられたことがわかる。建仁四年正月十八日には、下大隅郡弁済使得分などの弁済使得分を「義広《よしひろ》の沙汰」として京に運上することが命じられている。

鎌倉の忠久

建暦三年（一二一三）二月二日、源実朝は学問所番を定め、和漢の古事を古老の武士に語らせた。三番あってその一番は「修理亮《しゅりのすけ》、伊賀左近蔵人、安達右衛門尉、島津左衛門尉、江兵衛尉、松葉次郎」であり、忠久が一番で故事を語っている。

建暦三年五月七日に和田合戦の勲功賞があって、忠久には甲斐国波加利新庄《はかりのしんしょう》が与えられた。七月十日、忠久は将軍家政所下文によって、島津荘薩摩方の地頭職に任じられており、薩摩方の地頭職が復活した。八月二十六日に実朝が大江広元第に御行始を行なった際の供奉人の御後に相模守北条義時・駿河守大内惟義・武蔵守北条時房らと並んで島津左衛門尉忠久がいる。

建保二年（一二一四）七月二十七日の大慈寺供養の実朝の後騎に相模守北条義時・武蔵守北条時房らと並んで島津左衛門尉忠久がおり、三年十月四日に忠久は、翌年五月から七月十五日までの内裏大番役を薩摩国御家人を引率し、日向・大隅・壱岐島の御家人らと寄り合って勤めるように命じられ、これにともない忠久は「みやさとの八郎」に上洛して大番役を勤めるよう十一月二十一日に命じている。忠久の薩摩守護職が復活したことがわかる。元久二年（一二〇五）に時政が政子・義時に退けられているので、その時に没収されたのであろう。

建保四年七月二十九日、小河法印忠快が相模河で六字河臨法《ろくじかりんほう》を修する行事に御出の実朝の随兵として、式部丞北条泰時・島津左衛門尉忠久らがいる。同五年、平秀忠は名簿《みようぶ》を忠久に提出して主従関係が成立した。同五年、源宗久は島津荘薩摩郡内山田村の名頭職の知行を相伝の理に基づいて安堵して欲しい、と荘政所に訴えて認められている。

同五年九月二十六日に北条義時は大隅の禰寝院南俣の地頭職を清忠・重能《しげよし》らに問注した結果、清忠に安堵しており、このことからすでに義時が大隅国の守護となっていたことがわかる。幕府は薩摩郡内山田村の本領主大蔵氏と右近将監友久の相論について忠久に子細を究明するように命じている。

建保六年六月二十七日の実朝の任大将拝賀で鶴岡宮に参詣した時には、衛府として大泉左衛門尉氏《うじ》平《ひら》らと島津左衛門尉忠久が行列に加わり、承久元年（一二一九）正月に実朝が公暁《くぎょう》に殺害された後の六月二十五日に左大臣九条道家の子が鎌倉に下って、七月十九日の午《うま》剋に鎌倉に入り、右京権大夫北条義時の大倉亭に入った際の行列の後陣随兵に、島津左衛門尉や中条右衛門尉らがいた。

承久三年（一二二一）五月十三日、忠久は勲功の賞として、越前国東郷庄地頭職を与えられ、六月十八日、承久の乱での六月十四日の宇治合戦に敵を討った人々の報告の中に、秩父平次五郎が一人、小笠原四郎が一人などとあって、島津三郎兵衛尉忠久は七人であり、そのうち僧が一人、生虜は二人であった。

七月十二日に忠久は越前国の守護に任じられ、子三郎兵衛尉忠義（忠時）が下って合戦したところ、その奉公に比類がなかったと、大将の北条泰時《やすとき》が上に申し上げ、忠久は七月十八日に信濃国太田荘の地頭職を与えられた。八月二十五日に島津三郎兵衛尉忠義に越前の生部荘と久安保重富、閏十月十五日には同じく忠義に伊賀国長田郷の地頭職が与えられた。

忠久・忠義の動き

承久四年（一二二二）二月六日に御所の南庭で犬追物《いぬおうもの》があり、駿河前司三浦義村が検見を加え、島津三郎兵衛尉忠義が申次ぎ、射手は小山《おやま》新左衛門尉朝長《ともなが》らであった。三月八日、昨夜から若君（後の頼経《よりつね》）が病になり、戌《いぬ》剋に御所南庭で月曜祭が行なわれ、これを大夫泰貞が奉仕、島津忠久が沙汰した。貞応元年（一二二二）七月三日に讃岐中将（一条実雅《さねまさ》）の大倉亭で百日小笠懸がはじめられ、射手は結城七郎朝広《ともひろ》、駿河次郎泰村、島津三郎兵衛尉忠義らであった。

貞応二年（一二二三）正月五日に御弓始があり、射手の一番が駿河次郎・伊賀四郎左衛門尉、二番は下河辺左衛門次郎・佐々木加地八郎、三番は島津三郎兵衛尉・横溝六郎であった。四月十三日に若君が出御して御所の南庭で手鞠御会、競馬があり、相撲勝負では島津三郎兵衛忠義が行事を奉行した。六月六日に忠義に近江国の興福寺荘地頭職が与えられ、八月六日に伊賀の長田荘に守護使の濫入を停止し（守護使不入権）、十月十三日に近習番が定められた。一番駿河守・結城七郎兵衛尉・三浦駿河三郎、二番陸奥四郎・伊賀四郎左衛門尉・宇佐美三郎兵衛尉、三番陸奥五郎・伊賀六郎右衛門尉・佐々木八郎、四番陸奥六郎・佐々木右衛門三郎・信濃二郎兵衛尉、五番三浦駿河二郎・同四郎・加藤六郎兵衛尉、六番後藤左衛門尉・島津三郎兵衛尉・伊藤六郎兵衛尉である。

貞応三年九月七日に忠義は讃岐櫛無保の地頭職を与えられ、十月十六日の天変御祈では、島津左衛門尉忠久が奉行し、一方供料を沙汰して進めた。嘉禄元年（一二二五）七月三日に忠義は信濃の太田荘の地頭代になり、十二月二十日に若君が新御所に移徙《わたまし》、島津大夫判官らが供奉していて、忠久は検非違使になっていた。

嘉禄三年四月十六日、将軍家不例《ふれい》により御所南門で鬼気祭が行われ、安倍泰貞が奉仕、島津豊後守（忠久）が沙汰した。六月十八日、島津豊後守従五位下惟宗朝臣忠久が亡くなる。日ごろ脚気の上、赤痢病に悩んでいたという。忠久は検非違使を経て豊後守となり、その所領を忠義に譲っていた。これにより十月十日に忠義は、越前守護職、島津荘薩摩方地頭・守護職・十二島地頭職、信濃国太田荘内小島・神代・石村南・津乃地頭職を幕府から安堵されている。

島津三郎左衛門尉は、安貞二年（一二二八）七月二十三日、将軍頼家が駿河前司三浦義村の田村山荘に田家遊覧のために赴いた際と、貞永元年（一二三二）閏九月二十日、鶴岡臨時神楽が行われ将軍が参宮した際に供奉している。宝治元年（一二四七）十二月二十九日、京都大番勤仕の結番がなされ、三か月を限って警護するように命じられ、一番が小山長村、二番が遠山景朝《かげとも》、三番が島津大隅前司（忠時）であった。

翌二年十月二十五日に島津豊後左衛門尉忠綱は相模の高麗山の山柄《やまがら》を将軍家に献上、その色は白く雪のようで、声は我が国の鳥に似ておらず、将軍はこのことを賞翫した。建長二年（一二五〇）三月一日、閑院《かんいん》内裏の造営に、北弘御所が「島津豊後前司跡」（忠久所領の継承者）に賦課された。建長四年四月三日、前将軍若君頼嗣の母二位殿の上洛のため進発するにつき、島津大隅修理亮久時が供奉した。同年十一月八日に将軍宗尊《むねたか》親王が新御所に移徙《わたまし》するに際して、（島津）大隅前司忠時が供奉した。

建長六年六月の鎌倉中物騒により、諸人が御所に群参、島津周防前司も駆け付けている。島津大隅前司は、建長八年正月一日の椀飯《おうばん》を北条時頼が沙汰した際に、庭上に伺候、正嘉二年（一二五八）正月一日の椀飯では、庭上の東座に伺候した。弘長三年（一二六三）正月七日の将軍家の鶴岡八幡宮参詣の供奉人の島津周防七郎定賢《さだかた》は、文永二年（一二六五）六月二十三日に将軍家が時頼の最明寺亭に赴いた時にも供奉している。

二　鎌倉・南北朝期の薩摩・大隅・諸県郡

渋谷氏と禰寝氏と蒙古合戦

宝治元年（一二四七）六月に起きた宝治合戦で、千葉氏は三浦氏に加わったため薩摩の広大な所領を没収され、相模の渋谷定心《じょうしん》は、そうちの入来院《いりきいん》などを得たことから、塔原《とうのはら》名主の寄田信忠等に起請《しょうもん》文を提出させ、その違背を口実にして「名主職ノ地頭進止」という千葉氏が地頭だった時の権限に基づいて、寄田氏の名主職改易《かいえき》を求めたところ、建長二年（一二五〇）の関東裁許状により、寄田氏の名主職が改易になり、これに伴い定心は五人の子息に所領を譲与した。

嫡子の明重に所領の半分を、残りの半分を重経ら三人に譲ったが、後者の子の三人にはもう分割して譲れなくなり、さらに譲った際には、庶子《しょし》や女子には一生の間は知行するが、死後には生家に所領を返す一期分《いちごぶん》という相続方法がとられた。明重から所領を譲られた公重も大部分を重基に譲るが、その庶子分が少なかったので同じような問題が起きた。

大隅の禰寝院《ねじめいん》南俣《みなみまた》の領主の禰寝氏は、親清に始まり、清貞・清重と継承されてきた。その清重の子清綱が正元元（一二五九）年十月に頼綱に譲った所領は用松《もちまつ》名とその水田、郡元《こおりもと》の水田二町と「脇持教房」など三か所の薗であった。薗には東西南北の四至が記載され、領主に強い所有権があった。このように南九州の領主の多くは、水田と薗を所領としていた。

　佐多氏は親助の時に伯父頼清に郡元四十町を沽却《こきゃく》し、佐多村十町のみを知行、頼清の子孫の禰寝氏に対し、親助の子孫は佐多氏を称した。親助の子親高が未処分のまま死去したため、その遺領は建長五年（一二五三）幕府から、嫡子親綱、庶子宗綱・宗親、女子八人と後家《ごけ》妙阿に配分され、佐多村は東西に二分され、東方を親綱、西方を宗綱・宗親が知行し、女子・後家には田七反・薗一所が均等に与えられた。

　文永五年（一二六八）、日本列島にモンゴルの国書が到来すると、大陸から逃れてきた禅僧はモンゴルへの敵愾心が強く、その影響もあって北条時宗はモンゴル襲来に強硬に対応した。文永八年（一二七一）、幕府は危機に応じ体制の引き締めを図り、九州に所領のある御家人にモンゴル襲来に備えさせ、翌年、九州諸国の御家人に筑前・肥前両国を防衛するよう命じた。文永十一年（一二七四）十月、元・高麗連合軍が朝鮮半島の合浦を出て対馬・壱岐を侵攻、十月二十日に博多湾の鳥飼辺に上陸したものの引き返した。

　幕府はモンゴル軍再来に備えて翌年に九州の御家人に異国警固番役を課し、建治二年（一二七六）に博多湾へのモンゴル軍上陸阻止のため湾岸に防塁（石築地《いしついじ》）を築かせた。石築地の材料は博多湾近辺より調達し、築造経費は九州諸国に負担させた。

石築地役は荘園公領を問わず課された一国平均役で、守護所からの賦課は幕府の命令を実行したもので、大隅国の在庁官人調所氏に伝わる建治二年八月の石築地役配布などによれば、大隅国は日向国とともに博多湾岸のやや西の今津地域を担当した。薩摩国では、守護島津久経が異国警護に下向し、その警固の地、博多の北の箱崎において、御家人らを統率し、石築地役・警固番役を勤めるなか、続く弘安合戦に臨んだ。

大隅正八幡宮

建治二年（一二七六）、一遍は九州をまわり大隅正八幡宮《しょうはちまんぐう》を訪れた。同宮は豊前の宇佐八幡を勧請したもので、『延喜式』に見える「鹿児島神社大（大社）」である。宇佐八幡の弥勒寺にならって弥勒院が建てられ、保安二年（一一二一）の政所下文には、執印《しゅういん》、権政所検校の息長《おきなが》氏、祝部の漆島氏が連署している。八幡宮前の宮内地域の発掘調査によると、弥勒院跡とは道を挟んで南に息長氏の後の社家・桑幡氏館跡がある。その宮内を、八幡宮からほぼ南に行くと、東に弥勒院跡、西に桑幡氏館跡があり、途中の東西の道を横切って東に最勝寺氏館、沢氏館、西に留守氏館などがあって、その間に在家が点在していた（図2-2）。遺物には土師器《はじき》や陶磁器（青白磁皿等）があり、弥勒院跡から人骨が出土し、沢氏館には薩摩塔が立つ。

図 2-1　大隅正八幡宮をおがむ一遍

モンゴルの襲来を契機に正八幡宮は独自の主張を展開した。『八幡愚童訓』は、継体《けいたい》天皇の世に中国の陳大王の娘大比留《おおひる》女《め》が七歳で朝日に感光して子を孕み、タブーに触れて産んだ子とともに唐船に乗せて流され、大隅八幡崎に着き、その子が正八幡となって隼人を討ち、生母が筑前香椎《かしい》に飛んで聖母大菩薩となった、という。

この後、「三本地寺」と称される禅院の正興寺が永仁年間に、律院の正行寺が元徳年間に八幡宮の東に、真言の正高寺が正平三年（一三四八）に八幡宮西に建てられた。

図 2-2　大隅正八幡宮宮内遺跡（霧島市教育委員会）

鎌倉後期の薩摩・大隅

弘安の合戦に臨んだ島津久経《ひさつね》が弘安七年（一二八四）に箱崎で死去し、嫡子忠宗が家督を継承すると、幕府から大田文の注進が命じられた。これには在国司大前道調《みちつぐ》と忠宗の叔父久氏が関与し、同年薩摩の新田八幡宮政所は、石築地役の賦課と十月中の納付を約束している。大田文の注進命令は石築地役賦課のためであり、この点から島津氏は国衙を支配していたと考えられる。

忠宗の時期には薩摩の一宮《いちのみや》相論があった。薩摩の一宮は枚聞《ひらさき》神社か、新田八幡宮か定まっておらず、相論が起きたもので、忠宗が剣・神馬を寄進したことから、相論が決着、新田八幡宮が薩摩一宮を称するようになった。

鎌倉後期になって分割相続に伴い島津一族は惣地頭として支配する領域が次第に狭くなった。収取可能な得分は僅かで、一定量の得分を確保するために、小地頭が有する下地《したじ》支配権を奪う動きを強め、伊作《いさく》荘や谷山郡の事例のように、各地域で小地頭と争い、下地支配権を獲得していった。

元亨二年（一三二二）三月の入来院清敷《きよしき》水田検注帳は、百姓分、人給分、用作分、寺神田、井料の他に津留新開分、久木宇津《くきうつ》分からなり、そのうち百姓分の記載形式は、一筆ごとの水田耕地の面積と所在地を記している。津留新開分は二町七反と開発の規模が大きく、領主が主導して開発したものと考えられ、入来院渋谷氏が開発領主としての側面を有していたことがわかる。

百姓分は在家ごとの耕地面積と年貢米を記し、その内容を整理すると、二つのタイプからなる。たとえば竹原田分は「みなわた」「へつしんのそい」「こもむた」「おうちた」「かひもと」「竹下」「山口」「みやたのそい」「いゐのまへ」「おひのくち」と各所に分散しているが、方賀野分はほとんどが「まつけた」で、ほかに「なはひき」「石たたみ」「松を」がある程度である。

鎌倉末期の島津氏

元亨四年（一三二四）八月に伊作荘と日置北郷の下地田畠山野河海検断所務について領家の一乗院と地頭と島津宗久との下地中分の和与がなり、和与状が作成された。それによれば、伊作荘と日置北郷それぞれに中分が行なわれ、伊作荘については伊与倉川をもって堺とされて問題はなかったのだが、日置北郷については複雑な中分線になったため、ポイントとなる地名が細かく記載され、絵図が作成

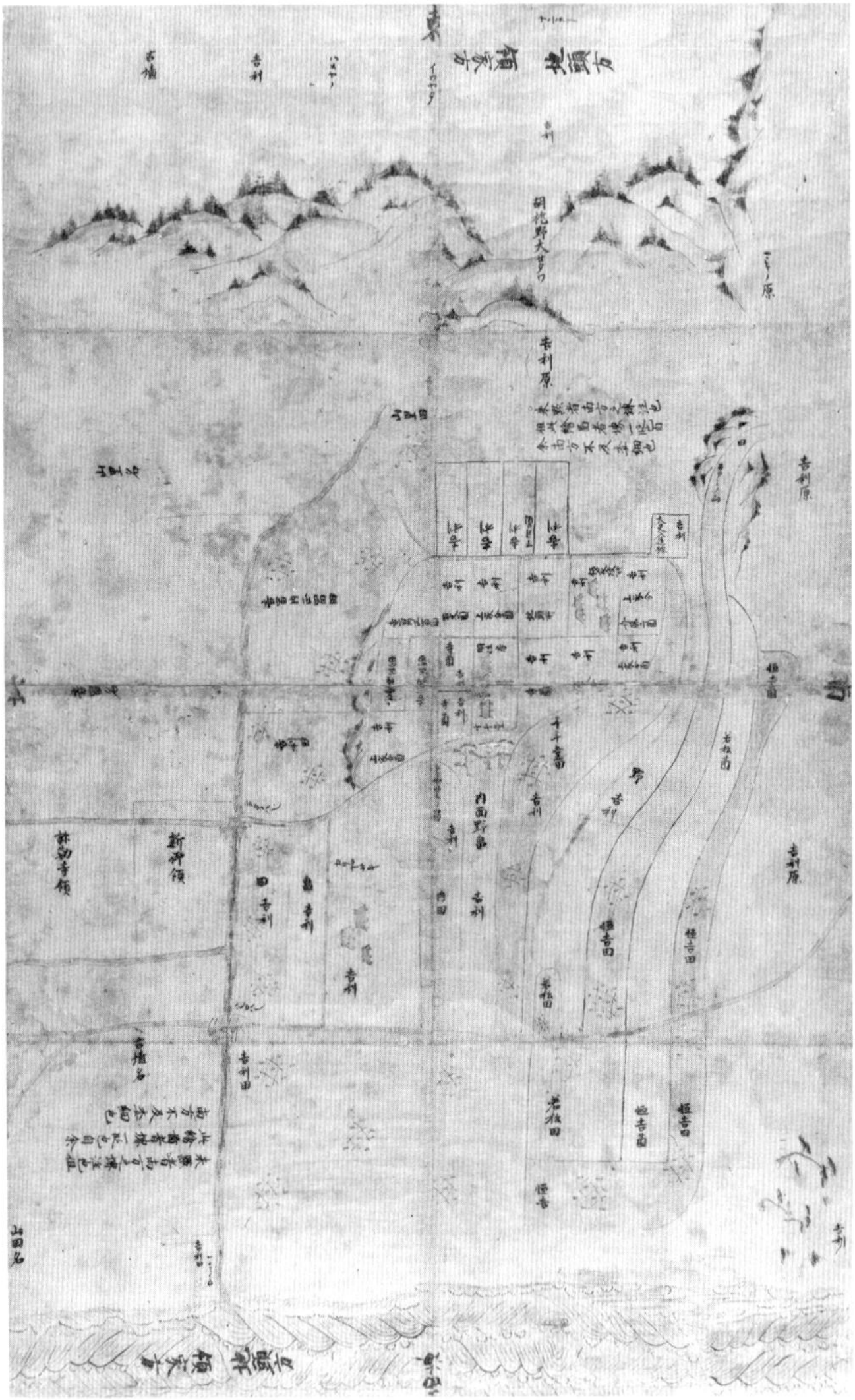

図 2-3　薩摩国伊作庄日置北郷下地中分絵図

された（図2-3）。

鎌倉末期の島津氏は、国衙の所在する高城郡に隣接する薩摩郡に守護所をおき、譜代の被官酒匂《さかわ》氏を守護代に任じ、守護として、惣地頭として国内を支配した。薩摩国内の一族の支配領域をまわって狩りを行なっており、その参加者は守護代酒匂氏、本田氏や猿渡氏等の被官、当主貞久の弟の和泉実忠や庶家山田氏らであり、人や馬を負担した。狩は武芸鍛錬場であるとともに、狩を通して一族・被官を統制し、百姓らに武威をみせつけるものであった。

幕府は河辺郡を得宗領とし、地頭代官職と郡司職を得宗被官の千竃《ちかま》氏に任じ、島津氏が支配していた河辺郡南部の口五島・奥七島に、千竃氏の支配がしだいに及んでいった。喜界島や奄美大島・徳之島などは得宗が地頭、千竃氏が地頭代官であった。九州最南端の交通の要衝を得宗が支配下におくようになったもので、さらに良港がある加世田別符を北条一族の相模六郎時敏が領し、島津本荘から和泉郡・大宰府に至る交通の要衝である牛屎院《うしくそいん》も北条氏が所領とした。

大隅では、守護が名越氏から千葉氏に交代し、守護狩を行ない、守護支配下の御家人が参加し、守護代からの催促で狩人・馬役を負担した。永仁頃に守護が北条一族の金沢《かねさわ》氏となると、金沢時直は得宗被官の安東景綱《かげつな》を守護代に任じ、島津荘大隅方が守護領から離れたため、国内支配のための新拠点として守護私領を設定した。この後、大隅守護は桜田氏となるなど、北条一族が相次いで守護に任じられる。正和五年（一三一六）には律院の宝満寺が志布志《しぶし》に建てられた。その敷地の四至は東は深小路大道、南は経峰、西は河、北は天神山後と、相当に広大であった。

元弘三年（一三三三）五月二十五日に島津貞久は薩摩の御家人を率い、鎮西探題を少弐や大友らとともに攻め、滅亡させた。貞久は建武政権から新たに大隅・日向両国の守護、島津荘大隅方一円荘惣地頭、同じく寄郡、預所に任じられ、守護管国内の所務遵行権を行使し、京都大番役を勤めた。このことを物語るように、建武元年（一三三四）に「薩摩国建久図田帳」が京都で書写されている。

南北朝動乱下の島津氏

建武元年（一三三四）七月、島津荘南郷で北条氏一族の阿曽随時《ゆきとき》の子孫と見られる遠江掃部助三郎を中心とする三十四人が反乱を起こした。橋口・梅北・富山、高木氏、霧島大宮司らの、港がある志《し》布志《ぶし》湾から都城《みやこのじょう》盆地にかけての武士の一揆であって、これに島津貞久は、日向方の島津院の右衛門五郎の刈田狼藉停止、新納《にいろ》院や救二《くに》郷の肝付《きもつき》兼重、櫛間院の野辺盛忠の濫妨停止で対応した。

日向のみならず北条氏の反乱が東国中心におきると（中先代《なかせんだい》の乱）、これの鎮圧に向かった足利尊氏が建武政権に離反し、同三年正月、京都に進撃するも破れて九州に落ちるが、多々良浜《たたらはま》合戦で菊池氏らを破って上洛するに際し、備後の鞆浦《とものうら》で功のあった島津や大友、少弐、大内、武田など、旧来の守護や豪族を九州・中国地域の守護に任じた。

上洛した尊氏は後醍醐天皇と対立、光明《こうみょう》天皇を擁立して室町幕府を開くなか、和平を破って後醍醐天皇が吉野に逃れ南朝を樹立、ここに南北朝の動乱となった。島津貞久は、肝付・谷山氏ら土着の領主や鮫島氏のような惣地頭、伊集院《いじゅういん》氏などの島津一族などからなる南朝勢力と戦闘を交え、尊氏の新田義貞との戦いには子弟・一族を派遣した。

南朝方は、延元二年（建武四年、一三三七）に三条泰季《やすすえ》を派遣、伊作荘北方近隣の増山氏らが中原城をかまえて、同荘を奪おうとしたので、南方の伊作地頭島津宗久が中原荘を攻略した。これが薩摩において南北両朝の争奪戦になった最初の戦いである。暦応三年（興国元、一三四〇）に楡井《にれい》頼仲が志布志に大慈寺を建立、開山に玉山玄提を迎えた後、勢力を広げて、臨済宗十刹の一つに数えられるようになる。貞久は暦応四年に南朝方の東福寺城を攻略して、川内《せんだい》の碇山《いかりやま》城から鹿児島に入る。

興国三年（康永元、一三四二）には後醍醐の皇子懐良《かねよし》親王が山川湊から上陸して谷山城に入ったことから、幕府は貞久の子の頼久・宗久兄弟、伊作宗久等に働きかけ、谷山氏と交戦させた。大隅では肝付・野辺氏らが蜂起、この事態に守護貞久が大隅の島津荘の武士を、幕府から派遣された国大将の畠山直顕《ただあき》が大隅正八幡宮領の領主と在庁系の領主を組織して対応した。貞和二年（正平元、一三四六）には「山河津」を発した南朝方の肝付兼重が鹿児島を攻撃していて、山川湊は南朝方水軍の拠点になっていた。

幕府侍所の高師直《こうのもろなお》と執事足利直義《ただよし》との対立に起因する観応《かんのう》の擾乱《じょうらん》とともに、直義の養子直冬《ただふゆ》が九州に下ると、幕府や九州探題の一色範氏《のりうじ》から薩摩国に討伐命令がだされ、貞久の子師久《もろひさ》・氏久兄弟が国人を指揮して戦ったが、島津の一族の伊作・山田氏・入来院・二階堂・比志島氏らは直冬方に与力《よりき》した。観応二年（一三五一）九月、島津氏久は南九州の国人を率いて筑前国月隈・金隈合戦に探題方として従軍している。

同年に尊氏が南朝に下って正平一統《しょうへいいっとう》になると、島津も南朝に下ったのだが、正平一統がやぶれると北朝方に戻った。畠山直顕が与力していた直冬の勢力は直義の死で衰退し、直冬は大宰府で一色氏に敗れ、九州を去って中国地方に後退した。これで直顕陣営に動揺が広がり、島津方に加わる者も出た。氏久は薩摩・大隅両国内の国人把握につとめ、直顕方国人に切り崩し工作を行なったので、直顕は南九州から撤退、氏久は大隅を領国とする基礎を築いた。

一色氏に代わって九州探題に足利一門の斯波氏経《しばうじつね》がなり、貞治二年（正平十八、一三六三）に貞久は薩摩国守護職を師久（上総介補任に因み総州家）、大隅国守護職を氏久（陸奥守補任に因み奥州家）に与え、同三年四月に師久に薩摩の河辺郡の十二島、ほか五島を譲り、千竈氏と同じ地域に対する領有権を主張した。これにともない師久は木牟礼《きのむれ》城及び碇山城に拠り、氏久は東福寺城に拠って分国支配を進めた。特に奥州家は大隅国内だけでなく薩摩国内の国人にも支配を及ぼし、その際に貞久から譲られた鹿児島郡を拠点とした。

九州南朝勢力は正平十六年（康安元、一三六一）から北薩摩の和泉・牛屎氏や北大隅の馬越氏、肥後の芦北《あしきた》郡七浦衆が一揆を結んだ。同二十三（応安元、一三六八）には前記国人に加えて入来院氏や肥後球磨《くま》郡の国人、野辺氏ら日向国人も参加、反島津方の旗幟を鮮明にする。和泉や牛屎・入来院氏などは所領支配への島津による圧力排除が目的であった。このため島津氏は南朝勢力の優勢さに耐えかね、建徳二年（応安四、一三七一）の南朝年号を使用する。

その十月十五日に渋谷定心から六代目の入来院重門《しげかど》は次の置文《おきぶみ》を定めた。

置文の事

右、重門以後の所領の事、数輩の兄弟有りと雖《いえど》も、其の器用を守り、惣領一人に一所をも残らずに譲与すべきなり。若《も》しこの旨に背《そむ》き所領を数子の輩に分かち与へるに於いては、重門の子孫あるべからず。かくの如く定め置く上は、若し万一にも所領を分かち譲ると雖も、この状の旨に任せ、惣領一人の計において、押して知行せしむべきものなり。仍《よっ》て後証のため置文の状、件《くだん》の如し。

この置文により入来院氏は、島津氏が分割相続の続くなか単独相続に転換していった。

今川了俊と島津氏

応安四年（一三七一）、九州探題になった今川了俊《りょうしゅん》が活動の幅を広げるなか、同五年に、薩摩守護の島津伊久《これひさ》、大隅守護の氏久の両島津氏は、了俊と協調関係を保っていた。だが、永和元年（一三七五）八月に、了俊が肥後の水島の陣で島津氏や大友氏、少弐氏などの大名を招き、対立する少弐冬資《ふゆすけ》を謀殺し、少弐氏を衰退させたことから、島津氏久が離反して南九州の経営には苦労を重ねた。了俊は子息今川満範《みつのり》を大将として南九州に派遣、薩摩の入来院氏を味方につけ、都城《みやこのじょう》を守る島津一族の北郷《ほんごう》氏を攻め、氏久の拠点である志布志からの通路をふさぐべく、志布志周辺の在家に放火した。

永和二年（一三七六）に伊久は大隅・薩摩の守護になるが、氏久は都城を援護するため出陣して今川方を押しこめるも、蓑原《みのはら》合戦で敗北した。今川方は転戦し、了俊の戦略が功を奏し、翌三年に肥後・薩摩・大隅・日向国など南九州の国人六十一人に「将軍家御方」として「一味同心」する一揆契約を結ばせるのに成功した。これには大隅の肝付氏が島津氏と対抗しており、契約の中心になっていた。

その内容は、島津氏が一揆の国人所領に介入した場合は共同してあたること、一揆に加わった国人間に紛争が発生した場合は、一揆構成者の多数決で決するというもので、一揆参加者は正平末年の一揆とほぼ重なる。

今川氏は一揆方と連携して北郷氏攻略を目的として都城を攻め、島津方と熾烈な戦いとなって、肝付兼永《かねなが》が戦死した。康暦元年（一三七九）の了俊の一揆の国人への書状は、都城合戦での戦死者の勲功を賞するかたわら、氏久の帰参による国人の動揺を鎮めようとする願いがかなえられた、と記している。了俊は今川方の国人らを、一揆の人々と「山東」の人々の二つに分け、幕府への所領安堵の上

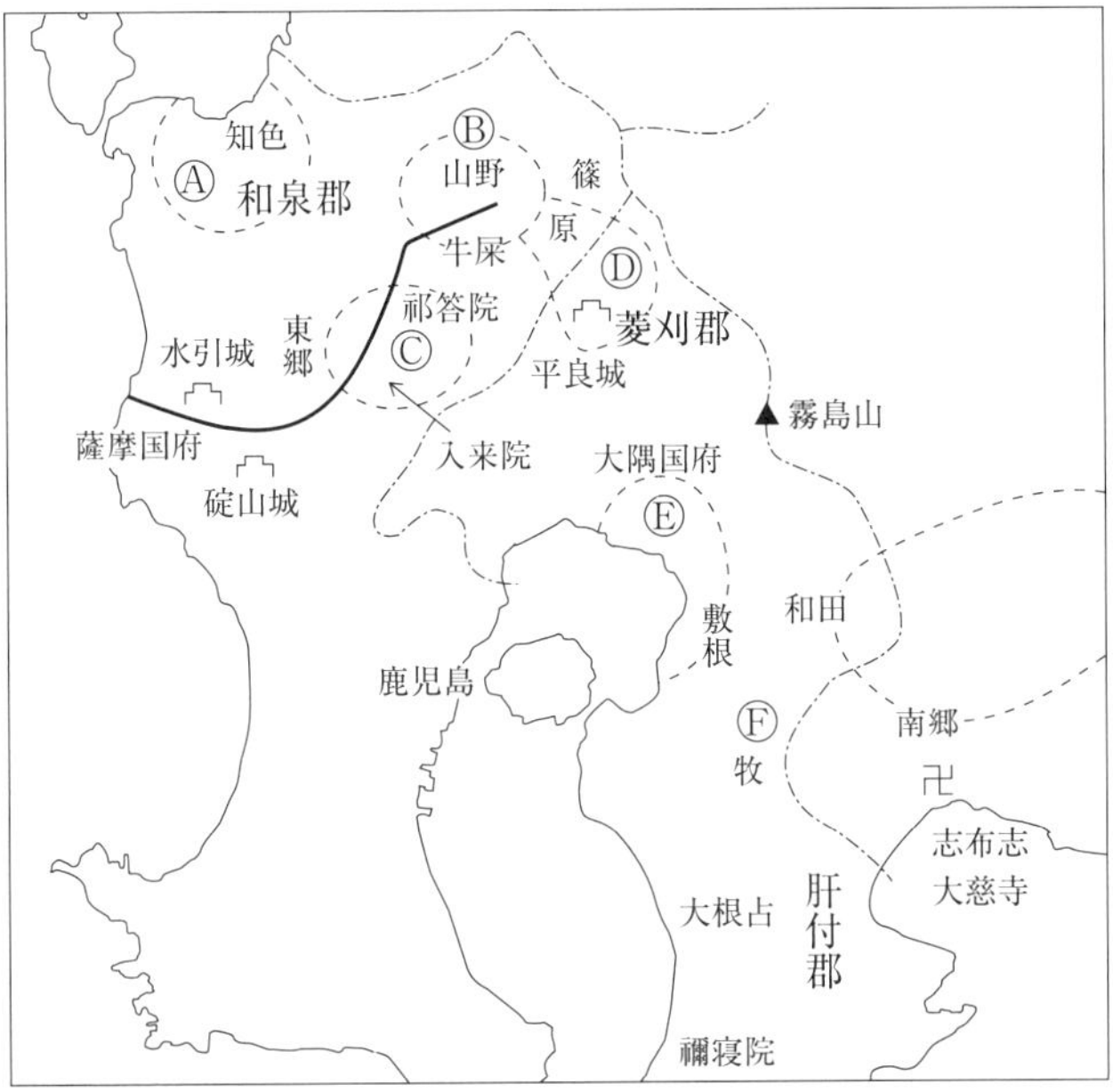

A　薩摩国和泉郡
第1次：泉
和泉諸太郎兵衛尉政保
第2次：
54 和泉縫殿允村保
10 和泉朝岳刑部丞保種
13 和泉知識左衛門尉兼光
29 和泉井口左近将監保合
30 和泉上村沙弥道一
52 和泉杉民部丞兼義

B　薩摩国牛屎院
第1次：牛屎左近将監
高元うしくそ
第2次：
39 牛屎河内守元息
5 牛屎鳥越隼人佐義元
6 牛屎青木沙弥元生
8 牛屎牛野備前守元英
16 牛屎太田沙弥元清
49 牛屎山野左衛門尉元詮
50 牛屎羽月石見守元豊
55 篠原光武左衛門尉忠秀

C　薩摩国入来院・祁答院
第1次：清色・入来・
けたういん
第2次：
36 渋谷遠江守直重
37 大村代平前重
46 東郷信乃守久道

D　大隅国菱刈郡
第1次：馬越藤四郎行家
第2次：
24 平良代縫殿助重秀
12 曽木大和守元義
17 馬越対馬守高意
33 大溝左近将監高岡

E　大隅国府周辺
57 税所介祐義
33 税所但馬守祐平
59 敷根左衛門尉親宗
22 肥後豊前介高基

F9 牧図書助重親

図 2-4　第1次・第2次南九州国人一揆における薩摩・大隅両国国人たちの分布
註：第2次一揆の参加者に付した番号は，一揆契状の署名順序.

申についてては、了俊が仲介する事を約束、忠誠を尽くす旨の起請文の提出を国人に迫った。

了俊は氏久への対抗を前面に押しだし、今川満範をとおして、一揆中に事書を示し、都城合戦に参加しなかった国人や、軍勢参加しなかった一揆の面々に忠節を求め、山東の伊東氏らの人々には、代官でなく本人の参加を求めた。こうして都城方面や薩摩南部の国人の誘引に成功した了俊は、康暦二年（一三八〇）、改めて都城の北郷氏を攻めることにした。

永徳元年（一三八一）に満範は都城に向かい、姫木山に陣をとって、六月から七月にかけ、五度にわたって攻め立てたが、十月、氏久が幕府方に転じ、幕府は三か国の御家人に氏久が味方になったことを伝えている。了俊は宿願を果たしたことになるが、一揆の国人は複雑な思いがあったことであろう。

永徳二年に島津伊久・氏久が了俊に帰服したことで、伊久は薩摩守護に復職するも、氏久は了俊との関係が円滑でなく、守護復帰の叶わぬまま、嘉慶元年（一三八七）に亡くなって、九州はほぼ了俊の手に入った。至徳元年（一三八四）に氏久の子元久は大隅守護に復職すると、南北朝末期に清水城（鹿児島本城）を築いて本拠とし、大隅のみならず薩摩国の国人を被官化した。

三　室町期の島津氏

島津久豊の三国領有

応永二年（一三九五）に薩摩の島津元久の子で、福昌寺三世の仲翁守邦《ちゅうおうしゅほう》が足利「学校」に入って経史を学んだ。応永四年、島津持久《もちひさ》は清武城をせめ、攻略かなわず和議が成立すると、翌年に志布志で伊東祐安《すけやす》にあって犬追物を行なっている。島津方・伊東方六人ずつが参加し、射た数は元久が二十疋、祐安が十八疋であった。

同八年、石塚に討ち入った島津方を、伊東氏が鎮圧、島津氏と境界領域を確保した。同十七年（一四一〇）に元久が上洛、麝香《じゃこう》や虎皮・砂糖・南蛮酒・毛氈《もうせん》など数多くの船載品を持参、将軍足利義持《よしもち》らに謁見、細川・赤松・畠山らの諸大名に贈り物をささげ、都人を驚かせるとともに、島津氏の大名としての立場を示した。その随行者には島津の庶子家の北郷知久《ともひさ》・樺山教宗《のりむね》、国人衆の野辺右衛門大夫と北原久兼がいることから、真幸院《まさきいん》から島津荘北郷《ほんごう》、飫肥《おび》・串間院が島津の支配領域となっていたことがわかる。

同十六年に元久の異母弟久豊は霧島社に願文《がんもん》を納め、国務を掌握し、日向知行がかなった際には所領の寄進を約束し、元久が応永十八年に死去すると、元久の甥の初犬丸を鹿児島から追放して家督を継承した。とはいえこの継承は危機をはらんでいた。その一つは、継承をめぐって久豊方と島津一族の伊集院方との高家争いになったことである。久豊方に味方したのは相良《さがら》氏や禰寝《ねじめ》・山田・比志島氏ら、伊集院方に与力したのは入来院・菱刈氏らで、両者は応永二十〜二十五年の間、相争った末、伊集院頼久が久豊に帰順して後継争いは終わる。

もう一つは総州家と奥州家の争いである。島津貞久の子師久に始まる総州家は、薩摩の守護となって領国化を進めたものの、奥州家の氏久の子元久に三か国守護が継承され、勢力範囲を薩摩半島中西部に押し込められていたことから、十八年に総州家の久世が入来院の渋谷氏と盟約し、奥州家に対抗したのである。総州家方に味方したのは、相良・入来院・牛屎《うしくそ》氏ら、久豊に味方したのは伊作・阿多氏らで、相良氏は今度は久豊に敵対した。

だが、久豊は久世と和解、標的を日向に絞って、大淀川南岸の曽井《そい》に派兵すると、これに伊東祐立《すけたつ》が土持氏と盟約を結び、曽井城を確保して島津勢を撃退した。久豊は当時の情勢を「三か国錯乱」と記しており、新たな給恩地を獲得することにより庶子家や国人・寺社勢力を自身の元につなぎ止める必要があった。それもあって曽井の合戦で敗北して撤退すると、応永二十年に国人の樺山教宗に給地を与えている。応永二十三年に久世が追いつめられて自刃すると、二十五年に久豊は「天下転変」を理由に祐立と盟約を交わしたが、翌年に島津勢が加江田車坂城を伊作惣次郎に命じて確保すると、伊東勢は「忍び」を城中に入れて惣次郎を殺害、加江田から島津勢を退散させた。

二十七年に本田親久に宛行われた知覧城は残りがよく、万之瀬《まのせ》川の支流麓《ふもと》川の左岸のシラス台地上の縁に位置し、標高一七六メートルを最高地点とし、南北八〇〇メートル、東西九〇〇メートルほど、面積四五万平方メートルほどである。

四面はともに台地に続き、周囲には本格的な空堀を配置、城郭の中心域に本丸・蔵之城・今城・弓場城の四つの曲輪《くるわ》があり、その周囲を本格的な内の空堀が配置され、主要な曲輪地域の南側には武家屋敷や倉庫があり、大手は北西側で主要な曲輪地域の二本の尾根の間の空堀を通り、本丸と蔵之城の間の副曲輪に通じていた。発掘により多くの掘立柱建物跡が検出され、染付碗や皿類など多くの遺物が出土している。

二十九年に総州家の守久が肥前に出奔して両島津氏の抗争が終焉、幕府が久豊の守護職を認めると、久豊は応永三十・三十一年に加江田城を攻めて確保、三か国守護の面目を果たした。伊東祐立は三十三年に鹿児島に来て面会し、毒をもられそうになったので、食事を辞して鹿児島を去った。祐立の妹は久豊の嫡子忠国に嫁いでいた。

島津氏の菩提寺福昌寺の仏殿造営奉加帳には表3-1のように、島津氏一族・譜代の被官や国人の名が記されており、この頃までに大隅正八幡宮領関係の領主は島津氏の支配に服していたことがわか

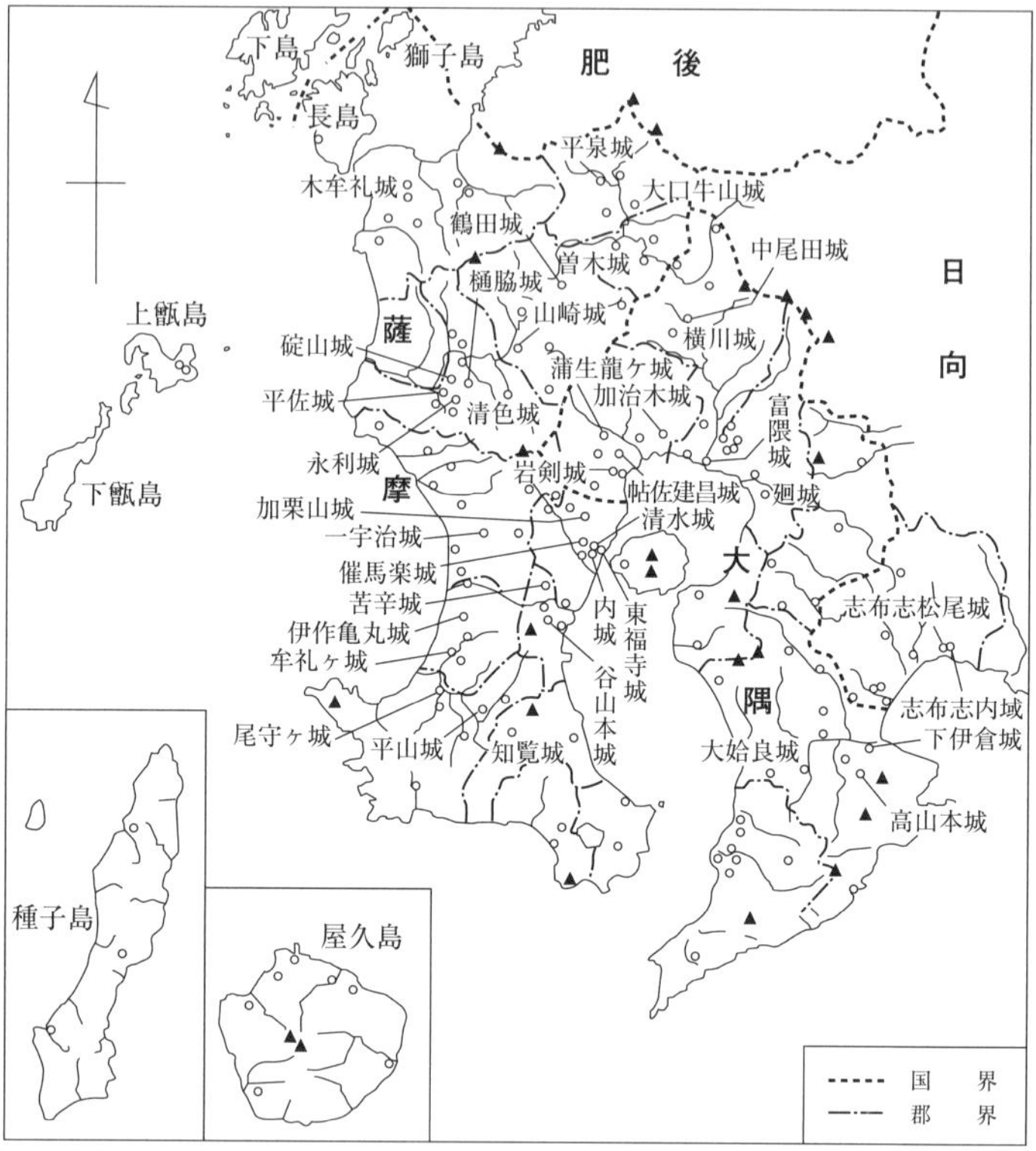

図 3-1　薩摩・大隅・日向(一部)国の中世城館跡分布

表3-1　福昌寺仏殿造営奉加帳記載人名の分析

1　島津氏一族

島津久豊・島津貴久・新納忠臣・樺山教孝・伊作重久・北郷知久・山田忠豊・伊集院頼久・佐多久清・佐多浄了・島津武久

2　譜代被官

本田重恒・(石塚種惟)

3　老　中

大寺元幸・平田重宗・柏原好資・伊地知久阿

4　薩摩国在地領主

a　鎌倉期御家人系

比志島系　比志島義清・小山田元平・河田

宮里系　宮里忠里・(河田)

牛屎系　牛屎久元・羽月久元・山野頼元

和泉系　和泉光朝・井口仲保・杉保則・知色守保・上村貴保

石塚系　石塚種惟

高城系　高城武宗

阿久根系　阿久根良忠

市来系　市来禅租

渋谷系　渋谷重長・渋谷重時・湯田重将

b　鎌倉期非御家人系

長野系　長野幸定・長野助家

5　大隅・日向国の在地領主（鎌倉期御家人系）

a　国　方

禰寝系　禰寝立清・禰寝毗沙房丸・佐田忠元

税所系　税所敦弘

b　宮　方

蒲生系　蒲生忠清

吉田系　吉田兼清・西村遺清

加治木系　加治木

得丸系　徳丸久良

平山系　甑義武・平松武味・平世武子・餅田武牛

酒井系　隈本久宗・簗瀬元為・山田久秀・酒井親久

c　庄　方

菱刈系　菱刈明熊丸・菱刈久家・曽木久直

6　大隅・日向国の在地領主（鎌倉期非御家人系）

辺田七人衆　廻元政・池袋親宗・伊地知久阿・石井光義

肝付系　肝付兼元・北原久兼・北原久能・梅北兼永・渋江久永

野辺系　野辺盛在・盛治・盛光・盛良・盛孝・盛豊

富山系　志々目泰豊・浜田泰勝

長井系　長井利久

和田系　和田正右・和田年則

る。応永三十二年に久豊は死去した。

領国支配と反乱

応永三十二年（一四二五）に家督を継承した忠国は、大隅の守護代に本田国親《くにちか》を任じた。守護代は南北朝期には軍勢催促と戦功の認定、闕所《けつしょ》預置に関する権限を有していたのだが、室町期には乙名《おとな》に移されており、乙名には平田氏や村田氏が任じられていた。

永享四年（一四三二）に伊集院氏が入来院《いりきいん》氏ら渋谷一族、牛屎・菱刈氏ら北薩摩の国人と一揆を結び、守護支配からの脱却、地位の確立を目指して忠国に対抗した。この国人一揆を支援した相良氏は、一揆が島津の北上阻止、封じ込めに寄与することを期待していた。一揆は島津氏を窮地に追い込むも、幕府の介入もあって伊集院氏が降伏、忠国の弟好久《よしひさ》の討伐によって一揆が瓦解しかけたところ、忠国・好久の対立があって討伐は達成されなかった。

渋谷氏ら残党が総州家島津氏一族を擁立し、文安年間に蜂起すると、忠国は幕府の支持を獲得して好久よりも優勢となり、好久と和睦した。文安五年（一四四八）忠国は日向に向かい、伊東祐尭《すけたか》に面会して犬追物を興行、同五年に志和地城に拠点を置く高木殖家《たねいえ》を、和田氏の協力もとに殺害して勢力を拡大した。好久は一揆を結んでいた国人を宝徳年間に討滅し、この後、忠国は肥後国内に攻め込んで、国人一揆を支援した菊池・相良氏と戦闘を交えた。

享徳二年（一四五三）、忠国は北郷持久《もちひさ》を三俣院《みまたいん》高城に移し、都城を守護直轄領に組み入れ、ここに末広氏ら被官を封じ、日向経営の前線基地とした。こうして忠国は国人勢力に打ち勝ち、都城を守護直轄領に組み入れ、国内支配を安定させて、文明二年（一四七〇）に死去する。

忠国の跡を巡っては、子の立久《たつひさ》と豊州家の季久《すえひさ》が争った。立久は既に長禄三年（一四五九）から守護としての活動をしており、応仁の乱では東軍の細川方に味方、豊州家の季久は西軍の山名・大内方に寄った。文明六年（一四七四）に南九州に下った僧が「三州支配処々領主記」を作成、日向の島津方について櫛間を島津久逸《ひさやす》、三俣下城を久豊、三俣院高城《たかじょう》を新納《にいろ》越後守、飫肥《おび》を新納忠続《ただつぐ》、安永《やすなが》を北郷義久、野々美谷を樺山長久が知行していると記し、都城は守護直轄で番衆が置かれていた、と記している。

文明六年に立久が亡くなると、叔父の薩州家持久が子国久の守護職継承をはかるが、立久の子忠昌《ただまさ》が守護となった。国久・季久は、相良氏と北原氏の反目に対して忠昌が相良氏の支援を受け入れなかったことにより反乱をおこすが、文明九年に降伏した。

文明八年出航の第十三次遣明船は細川氏が中心で、堺の商人が主導権を握り、薩摩の坊津《ぼうのつ》（鹿児島県南さつま市）で硫黄を積み込み、島津氏の警護により渡航している。この坊津は日本の三津に数えられるほどに対外貿易で栄えていた。文明十年に隈府《わいふ》を出て九州を歴遊していた桂庵玄樹《けいあんげんじゅ》を、忠昌が薩摩に招いている。

桂庵玄樹は桂樹院（島陰寺）を建立、朱子新注の講説を行い、伊地知重貞《いじちしげさだ》の助力を得て『大学』を独自に解釈して桂樹院で刊行、このテキストを書き直して『大学章句』を刊行した。文亀二年（一五〇二）に伊敷梅ケ淵に東帰庵を構え、四書を門下に教授するための句読法を考案するなど大陸の新思潮を紹介した。玄樹の学統は薩南学派といわれ、これを広めた文之玄昌《ぶんしげんしょう》は鉄炮伝来について『鉄炮記』をまとめ、これを収める『南浦文集』を著した。

長享元年（一四八七）頃の「算田日記」は入来院清敷の一筆ごとの耕地面積、地名、所属の門《かど》（後述）、年貢高を記している。この門段階の耕地と、先に見た元亨二年（一三二二）の入来院清敷水田検注帳の在家段階の耕地、方賀野、小牟礼《こむれ》、小豆迫、黒武者《くろむしゃ》、長野、平木場《ひらこば》などについて比較すると、耕地の集中化が相当に進行していた。

その一因として、小牟礼の「をりお田代」の増大や、黒武者の「前田うと以上」、平木場の「宮の前道上」「前田以上」など、開発による新田造成があったものと考えられる。延徳二年（一四九〇）の入来院の「田畠薗地幷屋敷注文」には上原西之門、みな原之門、西薗之門など十の門《かど》、畠地自作分、三郎右衛門、八郎次郎など十九の屋敷があって、門や屋敷からなる門の制度が生まれていたことがわかる（「入来院文書」）。

伊作久逸《ひさやす》は忠昌の叔父で、日向串間院を領有していた。ところが久逸と対立していた飫肥《おび》を領有する新納忠続が忠昌と結び、久逸は忠昌からその本領である薩摩伊作郷に帰るよう言われて、伊東氏をバックに忠続と合戦となったが、文明十七年に敗れて伊作に帰った。こうした一族の反乱に続いて、明応三年（一四九四）に肝付氏を中心とする反忠昌一揆が結成されて戦乱が続くなか、伊東祐良《すけよし》が肝付兼久と連携して島津忠常を攻めた。翌四年、伊東尹祐と和議を結び、伊東氏は三俣千町を確保し、忠昌は守護代の村田経安《つねやす》を殺害、守護代に伊地知・桑波田・本田氏らを任じた。

領国支配の体制では、直轄領を設定し、御内層を城持の地頭に任命、被官化した国人を衆として組織した。地頭には領内の検断権行使を認めるも、外様の国人には加冠・契約状を取り交わす程度であって、知行宛行はしなかった。乙名の権限は相論の裁許、軍勢催促、戦功の認定、守護直轄領の闕《けつ》所《しょ》地宛行権であった。

奉行には川上・町田氏のような庶子家、田中・福崎・益山のような譜代の被官、上井・浜田氏など大隅国内の国人を任じ、その権限は、守護段銭の請取り、城蔵や菩提寺等の唐物の管理、守護使としての検注権であった。守護と国人の間を取り次ぐ奏者も置いた。

忠昌は永正五年（一五〇八）、大隅の肝付兼久の反乱の対応に苦慮して自刃し、子の忠治が継ぐが、永正十二年に死去した。永正十六年、忠治を継いだ弟忠隆も死去、その跡は、文明八年から都城を知行していた忠隆弟の勝久《かつひさ》が家督を継承した。勝久は老中の伊地知重貞を解任し、新たな老中を抜擢すると、重貞が離反したので、相州家の忠良に重貞討伐を命じた。

大永三年（一五二三）、伊東尹祐は庄内野々美谷《ののみたに》に軍勢をだし、都城盆地の確保に努めるなか、櫛間の島津忠朝《ただとも》と戦った。戦いは伊東氏優位に進むも、陣中で頓死、翌年に和議がなった。野々美谷城が伊東氏領となり、北郷氏の娘が、家督を継承した伊東祐充の夫人に入ることで決着した。大永六年に勝久は忠良の子貴久《たかひさ》を養子として、翌年に守護職を移譲する。

忠良は祖父久逸、母常盤の教えを受け、伊作海蔵院の頼増和尚に厳しく躾けられて育ち、桂庵玄樹の高弟舜田の弟子舜有から朱子学を学んでいた。貴久を後見しながら樺山氏と提携し、伊地知氏を討伐し、その所領を勝久老中の肝付兼演《かねひろ》に与えて主従関係を築いたが、薩州家の実久は貴久の守護継承に反対し、勝久の守護復帰を求めた。

勝久は守護職を悔い返して守護に復帰、罷免していた老中を復帰させるが、被官層の分裂・対立の末、被官らが天文四年（一五三五）に実久のもとに結集して鹿児島を攻め、勝久は国政を実久に譲った。鹿児島に入った実久は、島津忠朝や肝付・禰寝氏らに承認された。

しかし忠良は認めずに入来院氏や伊集院・頴娃《えい》氏らを味方につけ、天文六年に鹿児島復帰を図って、勝久と提携、本宗被官層や南薩摩の国人層を味方につけ、彼らを中核として老中制度を整備し、国人層と提携、谷山・紫《むらさきばる》原合戦で実久に大勝したことで、実久の勢力が弱まり、忠良側が優勢になった。実久が亡くなると、貴久勢力拡大の原動力になった勝久は、本宗被官層に離反されて大友氏を頼って豊後に逃れた。

島津氏と琉球

博多からは日本海へと通じる海路、琉球に向かう海路、薩摩の「房津」(坊津《ぼうのつ》)に向かう海路が『海東諸国紀』(朝鮮・申叔舟、一四七一年)に記されている。坊津は薩摩半島の南西端、東シナ海に面し、リアス式海岸で古くからの海上交通の要衝で、遣唐使船の寄港地となっていて、鑑真上陸の「薩摩国阿多郡秋妻屋浦」は、当港北の秋目《あきめ》と考えられている。坊津の地名は竜厳寺一乗院の僧坊によるものと言われる。

竜厳寺は長承二年(一一三三)に鳥羽院の院宣で「如意珠山一乗院」の勅号を受け、紀州根来《ねごろ》寺の別院になった。湾の奥に所在し、島津荘が近衛家領であったことから近くには近衛屋敷跡がある。鎌倉末期に北条得宗家の所領となり、千竃《ちかま》時家が地頭代として支配した。倭寇の根拠地の一つと目され、応永二十六年(一四一九)に南蛮船の寄港があり、島津久豊に服属し、永享七年(一四三五)に島津好久は伊集院継久の河辺郡領有を認めつつ、海上交易拠点の坊・泊の湊と経路の十二島を直轄とした。まさに坊津は対外貿易の良港で、島津氏はここで琉球からの物資を得たものとみられる。『武備志』(明・茅元儀、一六二一年)は日本三津の一つとして博多・安濃津《あのつ》と並んであげている。

万之瀬《まのせ》川河口の持躰松《もったいまつ》遺跡は、現在の河口から五・四キロさかのぼった万之瀬川右岸、海抜三メートルの低地に位置し、陶磁器は十一世紀から十五世紀にかけてのものが出土、貿易陶磁器は十二世紀から十三世紀前半のものが数量的に最も多く、国内産のものは東播磨産の須恵器《すえき》や常滑《とこなめ》、古瀬戸など

▬▬ は道，－－－ は阿多北方，阿多南方，加世田別府，河辺郡の境界。ただし，検討の余地が残されている。万之瀬川の旧河道については『加世田市史』（加世田市，1986年）224頁以下を参考にした。

図 3-2　中世前期の万之瀬川下流地域

十四世紀代に至る広域流通品が出土し、中世南薩摩の諸湊が大陸と結ばれていたことがわかる。南薩摩の倭寇根拠地として『籌海図編《ちゅうかいずへん》』（明・鄭若曽、一五六二年）は山川・泊・鳥・久志を、『日本一鑑』（明・鄭舜功）は笠沙・久志・泊・坊津・山川・指宿《いぶすき》を掲げている。

文明二年（一四七〇）、島津氏の琉球渡海船、幕府への琉球使節の取次役が認められ、渡唐船警護のみならず琉球貿易の独占が認められた。文明六年に琉球王の公式通航船「綾船《あやぶね》」が鹿児島に来航すると、島津氏は幕府相伴衆《しょうばんしゅう》になって権威を高めた。

『海東諸国紀』の琉球図に「賀通連城」とある勝連《かつれん》グスクは、勝連半島の南の付け根部にある標高六〇メートルから一〇〇メートルの丘陵に位置し、南城（ヘーグシク）、中間の内、北城（ニシグシク）で構成され、交易のための城港の南側に南風原《はえばる》集落がある。十四世紀初頭、勝連按司によって築城されたと考えられ、最後の城主・阿麻和利《あまわり》は護佐丸《ごさまる》を討ち取った後、尚泰久王をも倒し琉球の統一を目論んだが一四五八年に滅ぼされた。

その港を那覇に置いた尚巴志《しょうはし》は、一四二五年明から中山王に冊封されると、本拠を浦添《うらそえ》から首里へと遷して首里城を整備した。一四一六年に今帰仁城《なきじんぐすく》を陥落させ、一四二九年に島尻大里《しまじりうーさとう》城に拠る山南王を滅し、三山を統一して琉球王国を形成した。那覇は王府の対外貿易の重要な拠点となり、「親見世」（交易施設）、「御物グスク」（王府の倉庫）、「硫黄グスク」（硫黄貯蔵倉庫）が置かれ、『琉球国図』に「那波皆津口、江南・南蛮・日本の船、この浦に入る」と記され、「おもろ」に「唐・南蛮寄り合う那覇泊」と謡われた。

首里城の正殿に一四五八年に掛けられた梵鐘「万国津梁《しんりょう》の鐘」の銘文に「琉球国は南海の勝地にして、三韓の秀を鍾《あつ》めて、大明を以て輔車となし、日域を以て唇歯となす、この二中間に在り湧き出づる蓬萊島なり」云々とある。琉球国は南海の景勝の地で三韓（朝鮮）のすぐれたところを集め、明国や日本と密接な関係にあり、この日明の間にあって、湧き出た理想の島と語り、船を万国の架け橋となし、珍しい重宝はいたるところに満ちている、と述べている。

琉球の文化は日本・朝鮮・中国との交流に培われた。島津氏と琉球との交通は頻繁で、永正五年（一五〇八）に島津忠治は、尚真《しょうしん》王に宛てた外交文書に「琉球国王殿下」と記し、印判状を持たない積荷の没収を求め、島津領を「下国」、首里を「京師」と呼び、琉球を「四海帰するところ」と讃えている。天文三年（一五三四）には島津の老中が、琉球三司官に琉球征服を企てた備中の三宅邦秀《くにひで》を先年に討ち取ったことを伝えている。

琉球国王は一五二一年に種子島氏、一五二八年に島津の庶流の豊州家を臣下として扱っており、琉球王国は独自に動いていた。尚真王は首里城を基点に中央集権化に向け、職制・位階制を整備、按司の首里集居を推進、地方統治の強化をはかり、幾多の造営事業を行った。王家の墓地である玉陵《たまうどうん》、礼拝所である園比屋御嶽《そのひやんうたき》石門、弁ヶ嶽《べんがだけ》石門、貯水池円鑑池と弁財天堂、菩提寺の円覚寺を造営した。

各地にグスクを構えていた按司を、家族や臣下を引き連れて首里に移らせた。首里を三つの「平《ふぃ》等《ら》」の行政区にわけ、北部から来たものを「北」に、中部から来たものを「南風《はえ》」に、南部から来たものを「真和志《まーじ》」の平等に住まわせ、その間に在来の者を住まわせ雑居させた。

西欧人が見た薩摩・日本

一五三四年にイエズス会の創設に関わったフランシスコ・ザビエルがキリスト教布教のため、一五四二年にインドのポルトガル領ゴアに到着し、天文十五年（一五四六）にアルヴァレスのポルトガル船に乗ってマラッカに来航した薩摩出身のアンジローに出逢った。アルヴァレスはザビエルの依頼で翌年に山川湊や周辺の事どもを『日本情報』に著し、当地の人々が名誉を重んじ盗みに厳しい罰があり、知識欲が旺盛なこと、食事は少量で肉食せず、米で作る焼酎を飲み、海岸の砂を掘って、温泉に入り、頴娃城は空堀で仕切られ、独立した曲輪があった、と紹介している。

ザビエルは日本の情報を入手すると、その二年後にゴアを出発、マラッカを経て天文十八年（一五四九）七月に鹿児島に上陸した。その薩摩では島津氏の家督が薩摩・大隅・日向三か国の守護職を握っていたが、多くの庶家が分立して対立抗争が激しかった。その抗争に苦しんだ家督の忠昌が永正五年に自害すると、跡を継いだ子たちが若くして亡くなり、弟が次々に守護と家督を継承するところとなっていて、その一人の島津勝久の養子である相州家の忠良の子貴久《たかひさ》が台頭した。

貴久は庶子家を退け、天文四年には養父勝久を鹿児島から追放、八年には薩州家の実久を破り、十四年に北郷氏ら一族・庶子家から守護として認められ、戦国大名としての国主の地位を確立させた。同十八年、そこにザビエルが上陸した。

ザビエルは貴久から九月に布教を許可されるが、それもあってザビエルは日本人を高く評価した。一五四九年十一月五日（天文十八年十月十六日）付でゴアのイエズス会員に宛てて書き送った書簡に「今まで発見された国民の中では最高であり、日本人より優れている人々は、異教徒の間には見出せない。彼らは親しみやすく、一般に善良で、悪意がない」と語り、知識欲が旺盛で善良で、社交性が高いとも記し、「武士以外の人々は武士を非常に尊敬し、武士はすべてその土地の領主に仕えることを大切にし、領主に臣従している」と、武士についても記している。

さらに同じ書簡で、「都の大学の外に、なお有名な学校が五つあって、その四つは都からほど近い所の」高野山・根来寺・比叡山・近江の三井寺である。日本で最も有名で、最も大きいのは坂東であって（足利学校）、都を去ること最も遠く、学生の数も遥かに多い、と記している。足利学校のことを渡来と同時に記したのは、薩摩・大隅をはじめ九州から足利に赴いた学徒が多く、インドに渡航した時、京都と坂東の大学で学んだ僧にキリスト教の深奥を尋ねられ、彼らから日本事情を聞いていたからである。当時の足利学校の七代の庠主《しょうしゅ》の九華《きゅうか》は、大隅の伊集院氏の一族であった。

島津氏の菩提寺である曹洞宗福昌寺の住持忍室文勝《にんしつぶんしょう》と親交を深めたが、ザビエルは翌天文十九年に平戸に移って領主の松浦隆信にも好意をもって受け入れられ、さらに山口に移動した。

一五六一年にポルトガル人のバルトロメウ・ヴェーリヨが作成した『世界図』は、宣教師や船乗りの見聞をもとに作成されたものと考えられている。日本列島は「BANDOV」（坂東）以下、「都」「山口」「豊後」「土佐」「鹿児島」の諸領域からなる。山口・豊後・鹿児島が大内（毛利）、大友、島津の領域で、ポルトガル人はその支配者を「国王」と称し、日本が六つの王国からなっていたと認識していた。

永禄四年（一五六一）に忠良（日新）は貴久の子義久に「国家の為には身をおしまず」働くように求めていて、島津もまた国家像を形成していた。ポルトガル人が種子島に漂着して鉄砲を伝え、天文十二年（一五四三）十一月に泊湊に入港して長期停泊した。領主の種子島時尭は鉄砲を見て「希世の珍」とその威力に驚嘆、すぐに買い取るとともに島の資源と鍛冶の技術を生かし鉄砲の生産を行うや、たちまちに九州と琉球とを結ぶ海上ルートを経て、列島各地に流通するようになった。初めて鉄砲を実戦に使用したのは薩摩の島津氏で、天文十八年（一五四九）に加治木城を攻めた時のことという。伝来して六・七年後のことである。

島津貴久の支配

貴久は前述のように天文十四年（一五四五）に北郷氏ら一族・庶子家から守護として認められ、十九年に鹿児島に新たに築いた内城《うち》に入った。この内城は清水城のすぐ南に位置し、島津氏の伝統を

図 3-3　島津貴久

受け継ぎ、守護大名から戦国大名となって領国経営を行なう前線基地の役割をはたした。

家督を譲った忠良は加世田《かせだ》（鹿児島県南さつま市）に隠居し、急速に膨張した家臣団の指導に関心を寄せ、十五年、家臣団の規範を理解しやすく覚えやすいように「いろは歌」に作って、それを御歌所の宗養と近衛稙家《たねいえ》に差し出すと、稙家から賛辞を得た。二十一年には生きながら葬式を出す生荼毘往生を行なうなど、宗教指導者となり、貴久に政治指導者の心得を説いた。

貴久は天文二十一年に島津一族との間に「一味同心」を誓う連署起請文を作成して一族統合へと向かった。同年、大隅の島津忠将《ただのぶ》が肝付兼盛《かねもり》に送った契状の第一条は「世間何ヶ様《いかよう》、転変為りと雖も、御屋形様（貴久）を守り奉り、御奉公一味も同前に申すべき事」とあって、島津家中の外の世界を「世間」と称している。

その支配体制は、大隅の守護代に以久《もちひさ》、日向の守護代に家久・義久らの血縁者を配し、領邦支配の中枢は老中であり、それは川上・平田氏の本宗家の乙名や、伊集院氏ら一族の世襲型と、三原氏等の奏者を経ての譜代被官型とからなる。京都との交渉は喜入氏、琉球担当は本田氏であった。老中の権限は評定談合、坪付打渡状への連署、衆中召移権、訴訟決裁権などからなる。

奏者は老中を補佐し、国人や地頭・衆中の訴訟を守護や老中に伝達する。直轄領には被官となった一族や国人を地頭に任じ、衆中（小領主や百姓）を率いて直轄領支配や戦闘に従事させた。人の移動（召移）や土地の移動（繰替）が頻繁に行われ、本貫地から離されて「鉢植」化され、地頭・衆中の島津氏への直臣化が進んだ。地頭の権限は、衆中への軍事支配権、移動の承認、所領を望む申し出の老中への取次ぎ、不当行為の処罰などの衆中把握、衆中負担諸役の統轄、裁判権・検断権などのほか、普請役や地域の祭神勧請《かんじょう》等の公役賦課があり、地頭独自の主従関係の構築は抑えられていた。

島津氏は地頭・衆中に軍役を賦課し、殿中番役を徴収、その賦課・徴収の基準は、門《かど》・屋敷などの知行地であった。一町未満を無足、以上を有足に区別し、二町以上を知行する二町衆は、自力で軍役の勤仕が可能で、島津氏の権力基盤となっていた。諏訪神社の居頭《いとう》役を地頭・衆中に勤仕させるなど、宗教的権威も利用していた。天正五年（一五七七）以降、把握した田数から堀町分を除外し、浮免《うきめん》を加算した田数を公田として役賦課の対象とし、下級役人を軍役に編成する上での蔵入分として、寺社領を利用した。

貴久は領国の平定にとりかかり、薩摩大隅境の本田・肝付氏を攻めて降伏させ、天文二十三年から大隅合戦により蒲生《かもう》氏を追放して、旧蒲生領を直轄地として地頭を配し、以後、征服地には同様な戦後処理を行なった。大隅合戦に続いて、永禄年間には大隅半島部の征服にのぞみ、貴久の子義久は永禄十二年（一五六九）に北薩摩の菱刈氏、翌年に入来院・東郷氏を降伏させ、薩摩全体を手に入れた。将軍足利義昭と仲違いして京を出奔した関白近衛前久《さきひさ》が、薩摩の島津氏に送った書状には、六角・浅井・朝倉・三好三人衆が悉く一味をしていると記している。

永禄二年（一五五九）三月、那覇主部中より島津氏の宿老の河上久朗・伊集院忠倉・村田経定に充てた書状に、島津氏の「印判」（許可証）がない船は認めない、とあり、印判を有せば日琉通交が可能となって、念願の島津氏の琉球に対する特権が内外に認められた。

島津氏と伊東氏の抗争は永禄年間以後、継続していたが、元亀三年（一五七二）の木崎原《きさきばる》合戦で島津氏が大勝した後、伊東氏は衰退した。天正二年（一五七四）には大隅の国人肝付・伊地知氏が降伏、同五年に伊東氏が大友氏をたよって豊後に逃走したことで、日向を領国化し、三か国を征服した。翌六年に大友義鎮《よししげ》が三万の軍勢で伊東氏を支援して日向国に出兵すると、義久は本勢三万を出発させ、小丸《おまる》川縁の大友陣を襲った。大友方は火矢・鉄砲に追い立てられ、総崩れになり耳川《みみ》まで追いつめられ、豊後に逃れた。この耳川の戦いで、高城川原の勝どきに集められた首は二、三千であったという。

こうして大友勢を撃破した島津氏は、肥後にも進出し、天正九年には相良氏を破って従え、芦北・八代両郡を没収して直轄領としている。琉球貿易については、十年に坊津の海商山崎新七郎に、十二年には鳥原宗安にこれを許可し朱印状を与えた。坊津には中国船が入港し、途絶していた日明貿易が再開して賑わいを取り戻した。

義久は頴娃氏に対し三か条の条々で山川湊の貿易管理権が島津氏にあることを通告して直轄領とし、頴娃氏を谷山に移封し揖宿《いぶすき》郡・頴娃郡を直轄領とした。家久は天正十三年有馬氏に協力して竜造寺氏と島原半島で合戦し、隆信を討ち取って大勝、隆信の子政家は島津氏に帰服した。同年には隈部《くまべ》・小代《しょうだい》氏を従え、翌年に阿蘇氏を従えて肥後国全体を支配した。

四　戦国期の島津氏

庄内の合戦、茶の湯

天文十三年（一五四四）、都城《みやこのじょう》の北郷忠相《ほんごうただすけ》は、伊東・島津両氏の四年間の合戦での味方の討死が数知れず、捕虜は五百人と記し、死者の供養のため高城《たかじょう》の時宗寺院の高称寺に所領を寄進している。その北郷氏は天文六年に岩川新城を攻めた際、城に籠った住人二千人を「取人」として牛馬や雑具を奪っている。伊東・島津両氏の飫肥《おび》合戦では、天文十二年の鵜戸《うど》合戦で伊東方の捕虜になった島津方四十人のうち重臣二十人が穂北《ほきた》に送られ、伊東氏使者を殺害した十人は切腹になった。

永禄四年（一五六一）五月、伊東義祐は鎌が倉に陣をはり、島津方の籠城する飫肥・酒谷《さかたに》城の間の補給連絡路を遮断、このため貴久の弟忠将が討ち死にし、飫肥の島津忠親が和議を申し入れ、伊東氏は飫肥を獲得した。

永禄七年、島津義弘が飯野城に入城し、真幸院《まさきいん》の北原氏の支配が終了、島津守護領に組み込み、同九年十月、伊東方の米良《めら》筑後守の守る三之山城を攻め、飫肥復帰をうかがうと、元亀三年（一五七二）

に伊東氏が加久藤《かくとう》に攻め入り、飯野へ迂回したところを攻撃され、木崎原《きさきばる》合戦となり、大将の伊東新二郎をはじめ重臣ら二五四人を失った。

天正四年（一五七六）、島津氏は高原《たかはる》城を奪い、十二月七日に野尻城に入ると、伊東義祐は紙屋に出陣するものの、家臣が屋敷を自焼、己が城を囲むものが続出、北からの退路をふさがれ、一族・近臣を伴って、都於郡《とのごおり》・佐土原を引き払い、豊後の大友氏の元に退去した。

島津は領国に加えた日向の守護代として家久が佐土原に入り、老中の上井覚兼を宮崎地頭として派遣、日向国内の旧伊東氏領の諸城に補任した地頭を統轄する仕組みをとった。地頭には島津家臣が衆中として付けられ、給地を与えられて村の支配にあたった。

天正二年（一五七四）九月七日、島津貴久《たかひさ》の薩摩日置郡田布施《たぶせ》（金峰山社）での立願能を京から下った猿楽師が勤め、十五日に島津義久の金蔵院《こんぞういん》で立願能が成就した。天正三年三月に修験の者が霧島社で修験の祈禱作法の大宝の注連を立て、神舞を演じている。七年に奈古社の神職が海氏から島津氏領下の修験者に交代、翌年、伊東氏の菩提寺の勝福寺善哉坊に各地の先達職を安堵した。

天正三年に近衛前久《さきひさ》が織田信長の命で九州諸大名の和睦斡旋のため薩摩に滞在、義久や義弘を始め島津家の面々と茶会や犬追物、連歌、能等に興じ、義久に古今伝授を行っている。覚兼は伊集院忠棟《ただむね》の法楽連歌に不断光院の清誉芳渓らと連衆として参加、その連歌は、清誉芳渓や近衛家の使者進藤長治らから習得したもので、島津義久の月次連歌にも連なっていた。

天正十年十一月十二日、覚兼・伊集院忠棟らは、島津家久のもとを訪問し、舞や茶の湯で閑談、翌年正月八日に島津義弘が忠長の宿所を訪問、酒宴の後、奥座敷で忠長の点前で茶の湯を行なった。三月四日、忠棟に招かれた覚兼・本田正親《まさちか》・村田経平《つねひら》らは、茶の湯を楽しんだ。五日にも忠棟宿の茶会があり、京都から堀池宗叱《そうしつ》が茶の案内者として招かれて茶事が行なわれ、宗叱が茶を点てた。

三月九日、覚兼は吉田作州を連れて堀池宗叱の宿所に赴くと、宗叱が迎えて茶湯座に向かう。作州がくぐり戸を鳴らすと、弥次郎が中から開け、覚兼が先に入って、宗叱が出てきて挨拶し、炭を置き中に引っ込んだので、風呂釜の様子を見た。宗叱が酒と肴をだしたので、盃を一、二返廻すと、宗叱はまた炭を置いた。その間、覚兼らは座をはずし、遠くから見ていて、炭置きが終わりそうに見えた時にまた座に入り、宗叱は常のように道具を出して茶点てを行なった。二十二日、覚兼らが島津歳久に招かれ、参上すると忠棟が茶の湯をはじめた。

九月二十二日の「賦何木連歌」は島津義久の主宰で、連衆は樺山善久らの重臣や老臣、連歌に優れた高城珠長らの武将グループ、清誉芳渓らの僧侶などからなり、義久は文化サロンを形成して家臣との結束に務めた。

九月二十八日、忠棟と伊集院久治《ひさはる》に茶湯のもてなしの約束があり、酒振舞の後、覚兼が「宇治の別儀」をたてて点前し、薄茶は忠棟の手前であった。十月四日、覚兼は島津忠長に招かれ、家臣らと酒盃の後、四畳半の座敷で茶会となり、忠長の点前で忠棟・平田光宗が参会した。十月五日、忠棟の内衆の四本大学助は、上洛した際に堺で茶の湯を学んで来ており、その作法を吟味するため、忠棟の宿所で茶の湯が催された。

天正十一年、折生迫《おりゅうざこ》の浦の不漁で漁民が困り果て、六月、同所の天神様に祈ればなんとかなるという風聞を聞きつけると、覚兼は読経を行い、豊漁祈願の和歌を、絵を添えて色紙にしたため、村に下し、三日間の神楽興行を命じたところ、江田・新別府の漁船すべてが出漁、覚兼の対応は成功したのであった。

天正十二年正月四日に覚兼の許に諸寺家衆が酒や茶を持参して来賀、十五日に鹿児島の不断光院に礼のため酒と茶を進み入れ、十七日に忠長の宿所で閑談し「御茶湯会釈」があり、十九日に忠棟館に参って茶湯の会釈があった。飯の振舞の後、手洗い水の間に、秋岩の筆「菓子の絵」が掛けられ、秘蔵の台天目が出された。三月一日に鹿児島の浄光明寺から覚兼に茶が贈られた。同日、堀四郎左衛門が下ってきたので、茶湯の会釈を宇治の無上茶で行なった。この年、覚兼ら日向衆は肥後に出陣、帰陣した十一月に那古八幡・瓜生八幡の九月の祭礼を行なった。

庄内の能

天正十三年（一五八五）六月五日には手猿楽の渋谷大夫（松右衛門尉）や桂が、日向宮崎城で上井覚兼に面会、渋谷は弓懸一具を与えられ、連れてきた脇大夫・小鼓・太鼓打にも種々の会釈があり、渋谷父子に二百疋、同心衆四人に百疋ずつ与えられた。十月十二日の酒宴で渋谷一類が伺候して乱舞、金春《こんぱる》又二郎が太鼓で仕え、翌日には殿中で能があって、「翁《おきな》」を渋谷与吉郎《よきちろう》が渡り、能組は「難波」「梅」「春栄」で渋谷対馬丞《つしまのじょう》が勤め、「鞍馬天狗」を与吉郎が勤め、「花かたみ」「樒塚《しきみづか》」「御悩楊貴妃」「くれは」などがあった。

翌十四年正月に島津義久《よしひさ》が義弘《よしひろ》を饗し、渋谷大夫を召して定舞台で能があった。式三番は常の如く、「翁」は渋谷大夫・与吉郎が行ない、「高砂」「田村」「二人静」「盛久」「鞍馬天狗」が演じられ、合《あい》に狂言があった。折紙は大夫が義久・義弘から各千疋、金春又次郎が太鼓で仕え千疋を下された。

このうち「高砂」の粗筋は、阿蘇宮の神主の友成（ワキ）が住吉社参りの途次、高砂の浦に立ち寄り、神木の松の木陰を掃き清める老夫婦に出合う。住吉と高砂は夫婦一体の神で、歌の道は国の繁栄につながると説くうちに、夫婦は相生《あいおい》の松の精であるとあかし、老人が沖に消え、友成は新造した船に便乗し、住吉に着くと、明神が天下泰平を寿《ことほ》いだ。

「田村」の粗筋は、東国の僧が都に上り清水寺に参詣し、一人の童にあって寺の由来を尋ねると、童は草創の謂《い》われを語って付近の名所を教え、美景を愛でながら田村堂に姿を消す。その夜、奇特の思いで誦経している僧の夢に、坂上田村麻呂の霊が現れ、東夷征伐の勲功を語り、それが観音の功徳であったことを説いて消え失せる。

九月八日には肥後八代の正法寺で能があり、義久・義弘や一門の諸将が見物した。「翁」を与吉郎が渡り、式三番があって「東方朔《とうぼうさく》」を渋谷大夫父子が勤め、脇は宗次郎。狂言を石原治部右衛門が勤め、「春栄」を脇が宗次郎、「種直」を与吉郎、「班女《はんじょ》」を与吉郎、「善界坊」を与吉郎、「太郎坊」を渋谷対馬、脇は飯野衆の三郎兵衛尉、「自然居士《じねんこじ》」の商人を宗次郎、自然居士を与吉郎、「江口《えぐち》」を脇宗次郎、シテを対馬丞、「高砂」を脇宗次郎、大夫与吉郎であった。「善界坊」の時に大夫が御前で舞い狂い、御縁で明王諸天を申し出て、舞台と御縁の間に翅が地に落ちるなど、一段と出来が良かったと、見物衆が申したという。

天正十四年七月、島津勢は筑前国岩屋城の高橋鎮種《しずたね》を攻めた。遠方への出陣で兵員不足を痛感しつつ、宮崎勢が鬨《かちどき》の声を合図に城攻めに掛かり、先頭が崖を登ると、城からは、石がふってきて、衆中一人が戦死し、覚兼も石に当たり顔には鉄砲玉があたった。援護の矢が射かけられるなか、衆中・悴者《かせもの》とも傷を負い退却、陣僧も負傷、城に上りついた旗指は石打で戦死した。

合戦には勝利したものの、被害も多く無残な戦場となったが、合戦から帰ると、衆中・悴者らと酒宴となり、届いた酒は貴重な「堺酒」で百姓から酒肴が届いた。

秀吉の九州制圧

天正十三年（一五八六）十二月島津義久は関白に就任した秀吉への祝儀のため使者を派遣、その後、千利休のもとへも向かわせ、生糸十斤を進上している。こうしたこともあって、十月二日に義久と大友宗麟とに秀吉が停戦命令を出した際、千利休・細川幽斎連署の添状が出されていて、そのあて先は伊集院忠棟であり、忠棟は茶を利休に、和歌を幽斎に学んでいた。

停戦命令は、「勅諚」に基づくものであると前置きし、関東から奥州の果てまで綸命《りんめい》に任せ、天下は静謐《せいひつ》になったのに、九州が未だに「鉾楯」の状態にあるとは、あってはならないことで、「国郡境目の相論」については、互いに存分の意見を提出するよう、それらを聞いた上で追って裁定を下す故、先ずは敵味方双方が弓箭を止めよ、これは「叡慮」である、実行しないならば成敗を下す、という内容であった。

秀吉は天皇を補佐し国政を総攬する関白の立場を越え、天皇の了承を得ずに天皇の政務を代行する摂政の立場において命令を発したのである。利休は秀吉の側近として、停戦命令の「関白殿御内証の趣」の内意を伝える役割を担っていた。

調停を望んでいた大友はすぐに同意するが、島津はそうはゆかなかった。豊後の大友攻撃を決定し、肥後口と日向口から豊後に侵攻し、秀吉が派遣した軍勢を戸次《へつぎ》川の戦いで破り、大友義統《よしむね》を府内城から追放、義鎮を臼杵《うすき》城に包囲するなど、九州平定が目前にあったこともあり、「由来なき仁」の秀吉が関白顔するとは何事か、などの反発が生まれ、すぐの同意にはいたらなかった。ただ勅命とあっては無視もできず、「関白殿」が「天下掌に治めらるるの段」の認識から、使者を大坂に送ると伝えた。

十四年正月、島津義弘は、大友氏との争いは信長の定めた講和の条件を大友が破ったためであるとの立場からの書状を記し、鎌田政弘を使節として送った。そこで秀吉は、肥後半国・豊前半国と筑後を大友に、肥前を毛利に与え、筑前を秀吉直轄となし、残りを島津領とする九州国分け案を提示、七月以前に返事するよう求めた。明らかな島津への挑発であったのだが、秀吉は島津討伐の先まで見据えていた。

秀吉の国分け案について島津家中で議論があるなか、返答の期限の七月も迫った六月十三日、義久は肥後八代に出陣、島津忠長・伊集院忠棟の大軍が大友方の筑紫広門《ひろかど》を攻め落とし、七月には高橋紹運の岩屋城を落とし、さらに宝満山城も陥落させた。義久挙兵の報を七月十日に得た秀吉は、島津「征伐」を決して長宗我部元親《もとちか》・信親《のぶちか》父子の四国勢に出陣を命じ、毛利の中国勢にそれへの加勢を命じ、さらに羽柴秀長・秀次が備前以下六か国の軍勢を派遣することとした。

義久は羽柴秀長・石田三成に書状を送って弁明しつつも、日向口から島津家久が、肥後口から島津義弘が豊後へと攻め入って、十二月には戸次川で四国の長宗我部元親・同信親、十河存保《そごうまさやす》らの援軍と戦って破り、これによって信親・存保らが討死した。こうした情勢から秀吉は自ら出陣することに決し、翌天正十五年正月に宇喜多秀家を始めとする

図4-1　島津義弘

十万の大軍を出陣させ、三月一日に羽柴秀次・前田利家に京都を守らせて大坂城を発った。

豊臣軍は長門赤間関で二手に分かれ、島津「征伐」へと向かい、東を進んだ豊臣秀長率いる毛利・小早川・宇喜多など総勢十万余は、豊前・豊後・日向へと進軍し、四月六日に山田有信らの籠る南日向の高城を囲んで、十七日に義弘・家久など二万を撃破、島津軍に多くの犠牲を出させ、敗走させた。

秀吉は三月二十八日に小倉から西側を進み、筑前の秋月、筑後の高良山を経て四月十六日に熊本、十九日に八代、そして二十七日に薩摩に入り、五月三日に川内《せんだい》の泰平寺に陣をしくが、行軍は飢餓と病気に苦しみ、帰り道を模索していたという（『フロイス日本史』）。

しかしこの間、あらかたの大名や国衆が豊臣方に下り、豊臣軍が迫ってきたことから島津家久が秀長に降伏して開城、義久は鹿児島に戻って剃髪して名を龍伯と改め、家老の伊集院忠棟とともに泰平寺に参って秀吉に謁見して降伏した。五月九日、秀吉は島津義久に次の書状を与えて九州平定を高らかに宣言した。

日本六十余州の儀、改めて進止すべきの旨、仰せ出だささるるの条、残らず申し付け候。然れども九州国分けの儀、去年相計ふ処、御下知に背《そむ》き、猥《みだりがわ》しき所行に依り、御誅《ちゆう》罰《ばつ》のため、今度関白殿薩州に至り、御動座成られ、既に討ち果たさるべき剋、義久一命を捨て走り入る間、御赦免候、然る上は薩摩一国充て行われ訖《おわ》んぬ。全く領知せしめ、自今以後、叡慮を相守り、忠功を抽《ぬき》んづべき事、専一に候也。

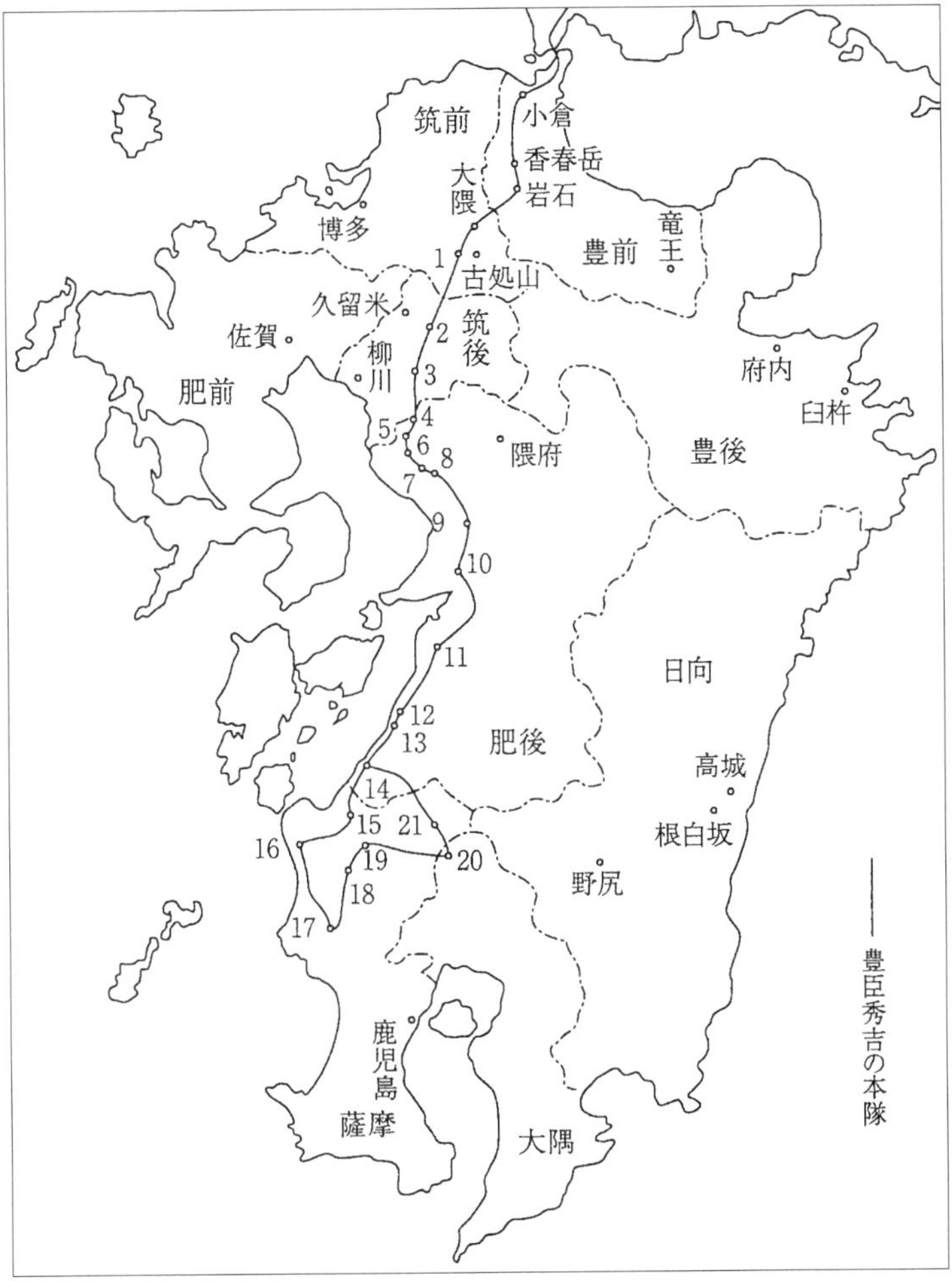

図 4-2　秀吉軍の行軍

1　秋月　2　高良山　3　山下　4　南関　5　大津山
6　小代　7　高瀬　8　安楽寺　9　隈本　10　宇土
11　八代　12　田浦　13　佐敷　14　水俣　15　出水
16　阿久根　17　川内　18　山崎　19　鶴田　20　曽木
21　大口

薩摩一国を安堵するのでよく心得て叡慮を守るよう命じたもので、ついで義久の弟義弘に大隅を与え、義弘の嫡男に日向諸県郡を充て行なった。秀吉に早く投降した義久の末弟家久には日向佐土原を安堵した。

島津氏と秀吉

天正十四年（一五八六）秀吉は方広寺大仏殿造営に取り掛かり、十六年六月十六日に漆喰塗りの唐人・日本人を差し出すように薩摩の島津と豊後の大友に命じた。ついで刀狩令が出された。『島津家文書』の天正十七年（カ）七月十日付けの秀吉の直書には「大仏殿の柱壱本弁にその方分領百姓等、刀・脇指取り集め三万腰到来候。まことに精を入れらるるの趣、感悦斜めならず候」とあり、没収された刀や脇指が京に運ばれた。

刀狩令・海賊禁止令という二つの全国令を出した秀吉がさらに力を注いだのが、都から遥か遠い西の大陸、南の琉球、東・北の関東・奥州といった諸地域の統合であった。十六年八月十二日、秀吉の命を受けた島津義弘が琉球国服属交渉のための琉球国王宛ての書を作成、そこでは秀吉による「天下一統」を告げ、高麗が出頭するようになり、秀吉から「貴邦無礼」と叱ってきているので、秀吉に使節を派遣するように要請している。十六日に大隅志布志の大雲寺の龍雲の派遣を決め、龍雲は十一月に渡海した。

翌天正十七年正月、秀吉は前年に上洛していた島津義弘に大仏殿建立の木材や刀剣を運ぶように求めたほか、琉球の入貢や明国勘合の調整、海賊船の禁止などを命じた。五月二十八日に琉球の尚寧《しようねい》王が、天竜寺桃庵を使節として派遣してくると、秀吉はこれを琉球が服属したものと捉えて義久とともに聚楽第で会っている。

帝都の整備は帝国の把握とリンクしており、天正十九年五月三日、秀吉の命を受けた奉行人の長束正家・増田《ました》長盛・石田三成・前田玄以は、島津氏の知行する大隅・薩摩両国に対し、「御国の御知行御前帳、調へ上せ申さるべきの旨、仰せ出だされ候、則ち御帳の調へ様一書、別紙これを進せ候。来る十月以前に仰せ付けられ、御進上有るべき旨に候」と、御前帳を十月までに調進せよと伝えている。

天正十九年に秀吉は朝鮮出兵を発令し、島津軍に一万五千の軍勢を割り当てるなか、義弘の中国人家臣の許三官が出兵計画を明に伝えていたことが発覚した。文禄元年（一五九二）、秀吉の使者原田喜右衛門が久志湊からマニラに向けて出航した。六月には家臣の梅北《うめきた》国兼が朝鮮出兵に反対、肥後の佐敷で反乱を起こして義弘らをあわてさせるが、短期間で鎮圧され、その背後にいたとされた義弘の弟歳久《としひさ》は秀吉に自刃を命じられた。歳久は秀吉が薩摩に下向した際、居城の虎居城に宿を求めて来た時、迷惑と追い返すなど反抗的態度をとり続けていた経緯があった。

義弘は朝鮮に渡海しようとしたが、兵も船も集まらず、僅かな供侍とともに小舟一艘を借り出して渡海した。五月五日、国元の家臣川上忠智《ただとも》に「日本一の遅陣に罷《まか》り成り、自他の面目を失」い、渡海

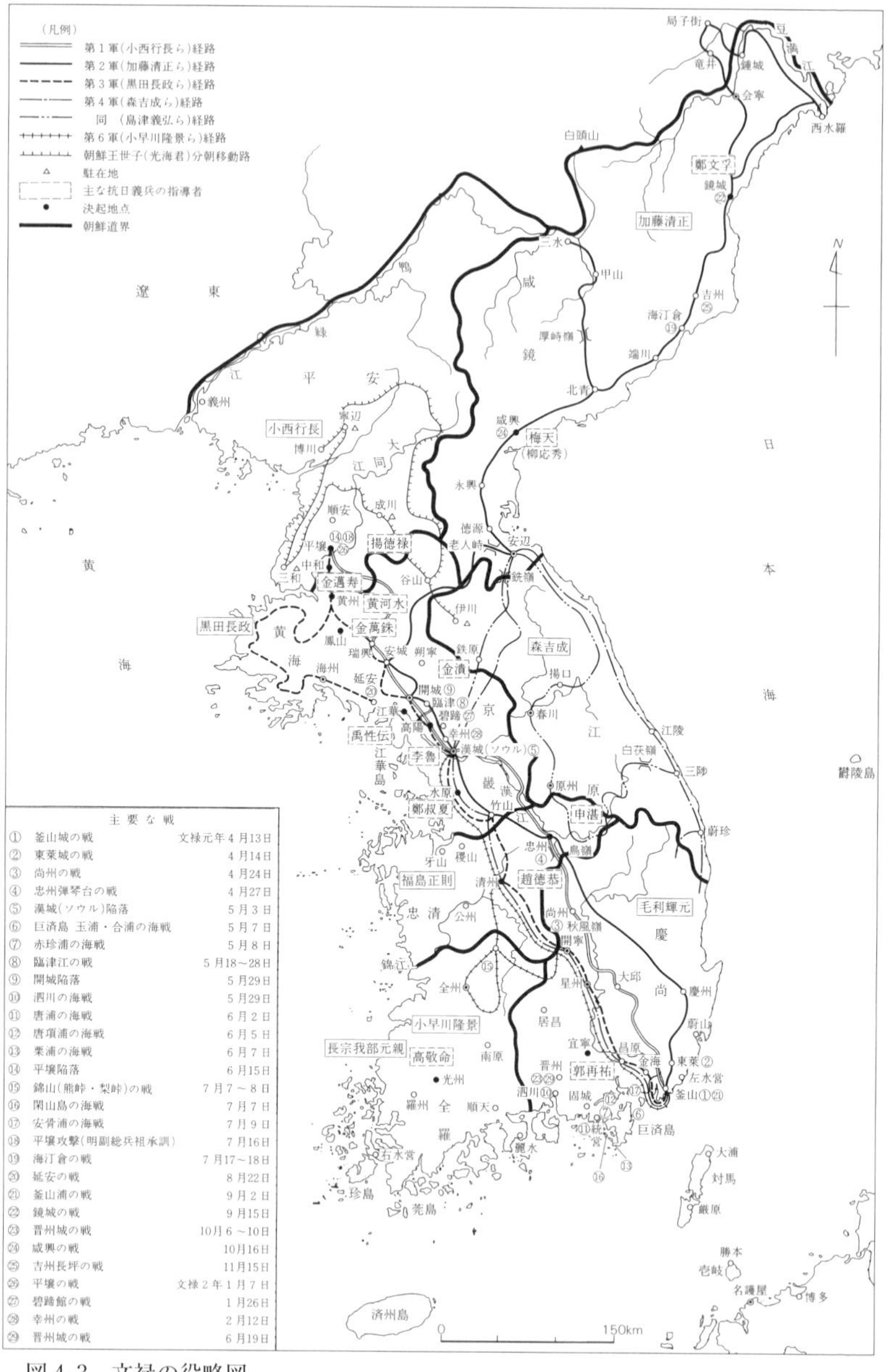
（凡例）
第１軍（小西行長ら）経路
第２軍（加藤清正ら）経路
第３軍（黒田長政ら）経路
第４軍（森吉成ら）経路
同　（島津義弘ら）経路
第６軍（小早川隆景ら）経路
朝鮮王世子（光海君）分朝移動路
駐在地
主な抗日義兵の指導者
決起地点
朝鮮道界
主要な戦
① 釜山城の戦 文禄元年４月13日
② 東莱城の戦 ４月14日
③ 尚州の戦 ４月24日
④ 忠州弾琴台の戦 ４月27日
⑤ 漢城（ソウル）陥落 ５月３日
⑥ 巨済島 玉浦・合浦の海戦 ５月７日
⑦ 赤珍浦の海戦 ５月８日
⑧ 臨津江の戦 ５月18～28日
⑨ 開城陥落 ５月29日
⑩ 泗川の海戦 ５月29日
⑪ 唐浦の海戦 ６月２日
⑫ 唐項浦の海戦 ６月５日
⑬ 栗浦の海戦 ６月７日
⑭ 平壌陥落 ６月15日
⑮ 錦山（熊峠・梨峠）の戦 ７月７～８日
⑯ 閑山島の海戦 ７月７日
⑰ 安骨浦の海戦 ７月９日
⑱ 平壌攻撃（明副総兵祖承訓） ７月16日
⑲ 海汀倉の戦 ７月17～18日
⑳ 延安の戦 ８月22日
㉑ 釜山浦の戦 ９月２日
㉒ 鏡城の戦 ９月15日
㉓ 晋州城の戦 10月６～10日
㉔ 咸興の戦 10月16日
㉕ 吉州長坪の戦 11月15日
㉖ 平壌の戦 文禄２年１月７日
㉗ 碧蹄館の戦 １月26日
㉘ 幸州の戦 ２月12日
㉙ 晋州城の戦 ６月19日
遼東
鴨緑江
平安
咸鏡
黄海
日本海
京畿
江原
忠清
慶尚
全羅
局子街
豆満江
西水羅
白頭山
鄭文孚
鏡城
加藤清正
三水
甲山
吉州
海汀倉
端川
北青
厚峙嶺
義州
寧辺
小西行長
博川
咸興
梅天（柳応秀）
永興
大同江
順安
成川
徳源
安辺
老人峙
平壌
揚徳禄
三和
中和
金遇寿
谷山
鉄嶺
黄州
黄河水
伊川
黒田長政
金萬鉄
鳳山
瑞興
安城
朔寧
鉄原
森吉成
海州
金潰
揚口
延安
開城
臨津
碧蹄
春川
江華
高陽
幸州
江陵
禹性伝
李魯
漢城（ソウル）
白茯嶺
江華島
三陟
鬱陵島
原州
水原
鄭叔夏
竹山
申湛
蔚珍
忠州
鳥嶺
牙山
稷山
福島正則
清州
趙徳恭
毛利輝元
尚州
公州
秋風嶺
開寧
錦江
大邱
全州
星州
慶州
小早川隆景
居昌
蔚山
長宗我部元親
高敬命
宜寧
昌原
南原
晋州
郭再祐
金海
東莱
光州
左水営
泗川
固城
釜山
羅州
順天
統営
巨済島
麗水
大浦
右水営
対馬
珍島
莞島
厳原
勝本
壱岐
名護屋
博多
済州島
150km
図 4-3　文禄の役略図

時の船や兵の様子が「あさましき体たらく、涙もとどまらん仕合」で、朝鮮到着後も「船着泊りにても身を忍ぶように」せざるをえない状態、「国元あつかいを恨み入り候」と書き送っている。島津義弘は第四軍として出陣、兵力と物資の不足に苦しみながら、各地を転戦、文禄二年に巨済島の守備に着くが、国元からの補給は滞りがちで、異国での在陣から将兵が疲れ、病が蔓延、義弘の嫡男等も病没した。

文禄元年、近衛信尹《のぶただ》は朝鮮侵攻が始まると肥前名護屋に赴き、自身が渡海することを求めるが、受け入れられず、翌年帰京。後陽成天皇から咎めを受け、文禄三年薩摩坊津へ配流になり、京都を発った。都城で領主北郷時久の接待を受け、坊津では一乗院で住職らと絵画鑑賞を楽しみ、同五年に帰京をゆるされた。都城では島津義久や伊集院忠棟らと能観賞、酒宴、茶会をおこなうなど手厚い接待を受けている。

朝鮮再出兵

文禄二年（一五九三）秀吉は、その怒りから改易した薩州家領、出水《いずみ》・高城郡二万九千七百二十八石を自身の直轄地とした。さらに文禄三年九月から翌年二月にかけ石田三成を担当者として島津氏領の太閤検地を行なわせ五十七万八千七百三十三石余と算定し、同四年六月二十九日に義久と義弘に各十万石の蔵入地を与え、伊集院忠棟に八万石、島津以久に一万石、給人領として二十六万石を充行い、

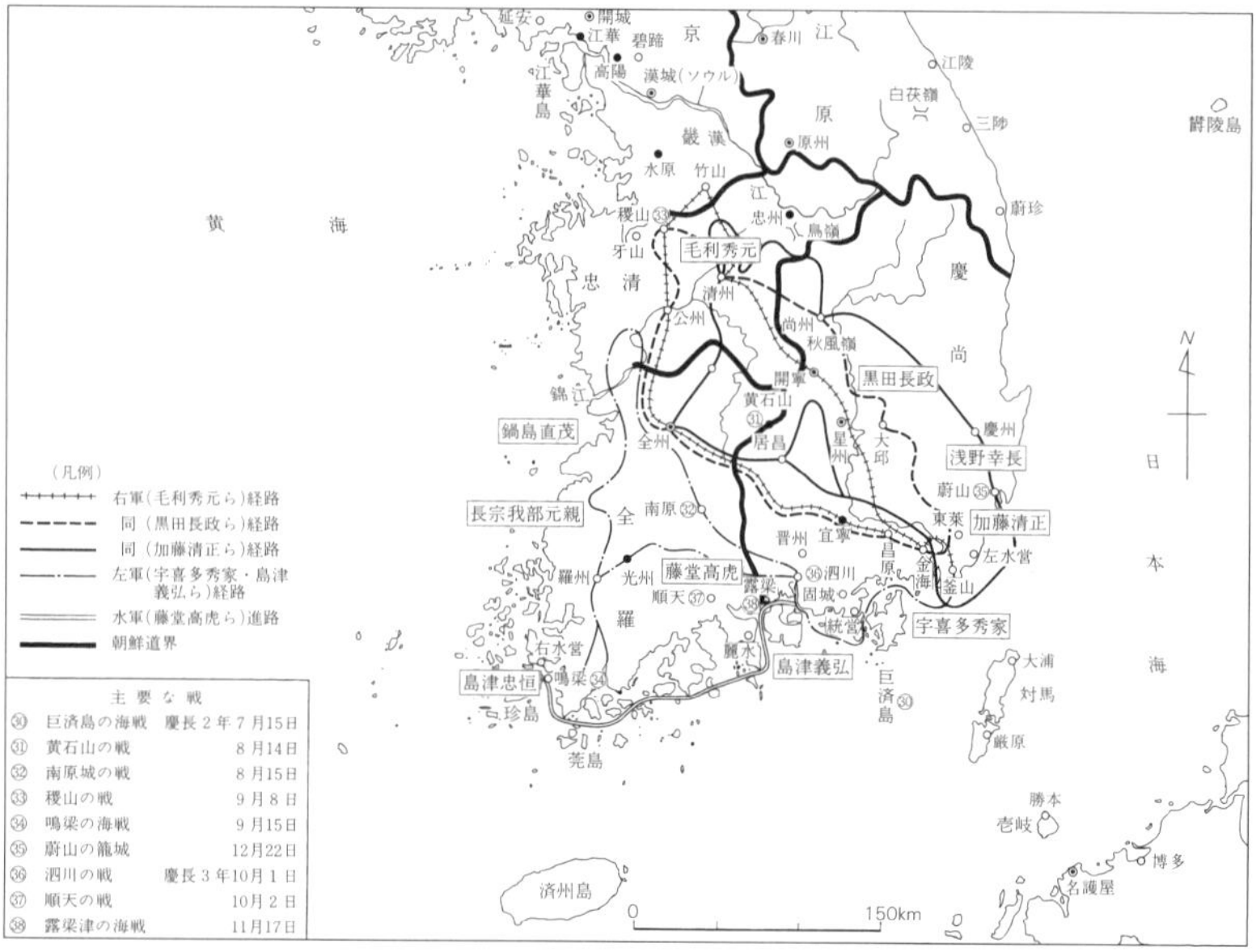

図 4-4　慶長の役略図

一万石を秀吉の蔵入地、石田三成・細川幽斎らにも知行地を設定した。

文禄四年四月十二日、秀吉は義弘に、薩摩などの検地が終了したので早々朝鮮から帰国するよう命じた。この間、明の使者が来日、講和に至るかに思われたが、秀吉が和議条件を無視されていたことに激怒し、諸大名に再出兵を命じた。慶長二年（一五九七）の二度目の朝鮮出兵は状況が悪化していた。だが、義弘は忠恒と合流し七月巨済島沖での戦いで日本軍の一員として朝鮮水軍に勝利し、朝鮮側の司令官元均を討っている。八月十五日に宇喜多秀家・義弘らが全羅道の南原城を攻め、鼻切りを行ってその鼻を日本に送ってきた。ところが日本軍は南部海岸地帯へと撤退を余儀なくされ、義弘も全羅道を南下して十月に慶尚道泗川《しせん》に日本式の新城（朝鮮側は倭城と呼ぶ）を築き八千の兵で守りをかためた。

慶長三年に秀吉は大坂城三の丸を建設し、伏見から大名屋敷を移した。海岸沿いの下町に新市街地の船場を開発し、「大坂町中屋敷替」と呼ばれる城下の大改造を行なった。大量の武家・町家・寺院が建てられ、三の丸には細川・宇喜多・蜂須賀・前田・鍋島・浅野・島津・片桐などの大名屋敷が設けられた。

同年八月に秀吉が没した。これを知った明・朝鮮軍は、日本軍に大規模な攻勢をかけて来た。義弘は物見の兵を置いた泗川古城が明の大軍に包囲されると、ここを放棄し、要害の新城に全兵力を集結させた。明軍を塀際まで引き寄せ、鉄砲の一斉射撃で撃退し、工作員が明軍の後方の火薬櫃に火を放ち爆発させ大混乱に陥った明軍を追撃して敗走させた。

この泗川の戦いで明・朝鮮軍三万八千七百十七人を討ち取り、徳川家康から「前代未聞の大勝利」と評されたが、政権からは全軍撤退命令が出され、最後の戦となった十一月の露梁海戦では立花宗茂らともに順天城に孤立した小西行長軍の救出のために出撃し、明水軍の副将・鄧子龍や朝鮮水軍の主将・李舜臣を戦死させるなどの戦果をあげ、小西軍を退却させるのに成功した義弘は十一月二十六日釜山をあとにした。

撤退に際して領国に多くの朝鮮人陶工を連れ帰った。薩摩では鹿児島に二十人余、神之川に十人余、串木野島平に四十三人、香瀬小湊に数人陶工が上陸、その後、薩摩藩は陶工を手厚く保護した。なお、戦争とともに「日本よりも万の商人《あき》人もきたりしなかに、人あきなひせる物（者）来たり」と、人買い商人が朝鮮の男女、老人・子どもを捕え、日本に売りさばくようになった。

五　薩摩藩の成立

庄内の乱から薩摩藩へ

慶長四年（一五九九）正月、家康中心の政権は出水《いずみ》の直轄地など五万石を島津氏に還付、二国一郡が完全に旧に復すると、義久は政権の命令で没収した寺社領を返還し、太閤検地の際に移動した家臣の所領を一部元に戻した。同年三月島津忠恒は伏見の屋敷で、政権と島津氏を繋いできた重臣の伊集院忠棟を手打ちにした。肝付一郡と日向庄内（都城）八万石を政権から与えられ、朝鮮にも出陣せずに国元で権力を振う忠棟に、多くの家臣は不満を抱いていた。

島津領内に介入していた石田三成は、忠棟と親しかったので激怒し、義久・義弘を譴責した。忠恒は謹慎、義久は謝罪するが、家康は島津側に好意的で忠恒の謹慎を解くように計らった。

父伊集院忠棟を殺された忠真《ただざね》は庄内に立てこもり、閏三月に庄内で挙兵したことから、家康は忠恒の帰国を認めて鎮圧にあたらせるとともに、寺沢広高を派遣、九州の大名を乱鎮圧に動員できる権限を付与し、鎮圧にあたらせた。六月、忠恒が庄内の攻撃をはじめると、忠真は城を固めて抵抗した。

戦闘が膠着し長期化を心配した家康が調停に乗り出した。翌年二月に島津勢が志和池《しわち》城はじめ次々と城を落とすと忠真は降伏を決意、三月十五日に庄内を島津方に引き渡した。忠恒は家康の調停により忠真を許し堪忍分一万石を与え、頴娃《えい》に移した。

なお、慶長四月に五大老は島津氏に「八幡《ばはん》」の停止、すなわち海賊の停止を命じた。七月に家康はパタニの船がもたらした国王の書簡に返書して、秀吉の死去と自分が秀頼を補佐していることを伝えて商船の往来を求めている。以後、国際関係の安定化につとめ、朝鮮との講和交渉や、明との勘合貿易の復活へと動いていった。

慶長五年の関ヶ原の合戦では、伏見にいた義弘は西軍に味方することになり、七月十九日に小早川秀秋とともに鳥居元忠の守る伏見城を攻め、八月一日に元忠、松平広忠らを破って伏見城を落城させ、僅かな手勢で関ヶ原の戦いに臨んだものの、三成の参戦命令を無視して戦いを傍観、昼

図5-1　関ヶ原の島津軍

過ぎ小早川秀秋が東軍に寝返って西軍が総崩れになると、義弘軍は東軍に突撃し、家康の本陣の横を通りぬけ、伊勢方面に突き進み、追撃する東軍勢とは乱戦になった。

義弘は甥の豊久をはじめ、多くの家臣を失い、自身も井伊の軍勢に囲まれたが、柏木源藤が井伊直政を落馬させ、その隙に脱出し（島津の退き口）、堺を経て帰国した。これに従ったのは僅か八十余人であったという。同じ西軍に属した備前岡山の宇喜多秀家は戦場を逃れて薩摩の島津氏のもとに赴いた後、八丈島に配流となった。

家康は義弘の行動を詰問する書状を送り、九州の諸大名に島津攻めの準備を命じた。義弘は家康に、やむなく西軍の味方についたことを謝罪しつつも、侵攻に備えて領内の守りを固めるなか、和平交渉がすすめられ、義弘の上洛が働きかけられた。家康は戦いで捕虜とした新納《にいろ》旅安《りょあん》ら三百人を送り返し、義弘も家臣を上洛させ、改めて謝罪したが、自身の上洛については「通路非自由」を理由に拒み続けた。

慶長七年四月、家康が島津の所領を安堵する旨の直筆の起請文を書くと、忠恒が義久を説得し、忠恒が上洛、十二月に家康に所領安堵の礼を言上した。

慶長七年八月、忠恒は義久と義弘の離間をはかったとして忠真を殺害し、都城には北郷忠能《ほんごうただよし》を領主として入れ、慶長八年、豊久の旧領佐土原三万石も返還された。

鹿児島城下町と外城

慶長八年（一六〇三）、カンボジア船が筑後の原弥次右衛門の導きで、薩摩の京泊に入津すると、島津氏はその来航を幕府に伝え、カンボジア船との貿易活動を規定する三か条の掟、①押し売り、押し買いの禁止、②川内《せんだい》居住の唐人の同船との貿易の禁止、③貿易は同船の唐人衆の考え次第、などを定めた。朱印船貿易に積極的に参加するようになり、家康との関係もよくなって、慶長十一年六月に家康の名から一字を得て家久と改めた。

駿府城の改築工事は慶長十年七月一日から始まる予定だったが、翌年正月に延期され、その前に新たな城下町形成のために安倍川の流路を西側に移動させる工事が行われた。島津氏の江戸城普請のために提供した石船三百艘のうち半分が江尻に回され、その石によって「島津土手」が築かれた。

島津の城下町形成については、天文十九年（一五五〇）、貴久が御内を築いて居城としたが、一重の堀を廻らせた程度の館であり、防衛的機能は乏しかった。そこで家久は上山《うえやま》城を選んで、慶長六年

（一六〇一）に改修し、麓に居館を築き（鶴丸城）、御内の跡には臨済宗の大竜寺を建てた。父義弘は同城の建設に反対だったが、家久は城下町を広げていった。鶴丸城のすぐ近くまでに海が迫り、西を流れる甲突《こうつき》川が俊寛堀周辺で海に注いでいたところから、海岸を埋めたて、甲突川の流れを西へと移したのである。

図5-2　島津家久

武家地は鶴丸城を境に北を上方限《ほうぎり》、南を下方限といい、上方限は主に清水城（室町時代）・御内期の城下町で、下方限は鶴丸城から甲突川までで、中下級の武士の屋敷があった。城下町の拡大とともに甲突川右岸の出水筋沿いにも武家屋敷が並び、西田といった。町人地は武家地に隣接し、幕末には上町に六町、下町に十五町、西田に三町の町ができた。

城下に住む武士たちは城下士とよばれ、一門・一所持及び一所持格・寄合・寄合並・無格・小番・新番・御小姓与《おこしようぐみ》（徒士）・与力の階級に分けられていた。職制は、城代、家老・若年寄・大目付の三役、以下、大番頭・寺社奉行・勘定奉行・御小姓与番頭・当番頭・御側用人・御用人・御勝手方・御趣法方・奥掛・町奉行・御側役・江戸留守居・京大坂留守居・御納戸奉行・物頭・御船奉行・御使番・御小納戸頭取・御広敷御用人・教授・御右筆頭等に整えられて

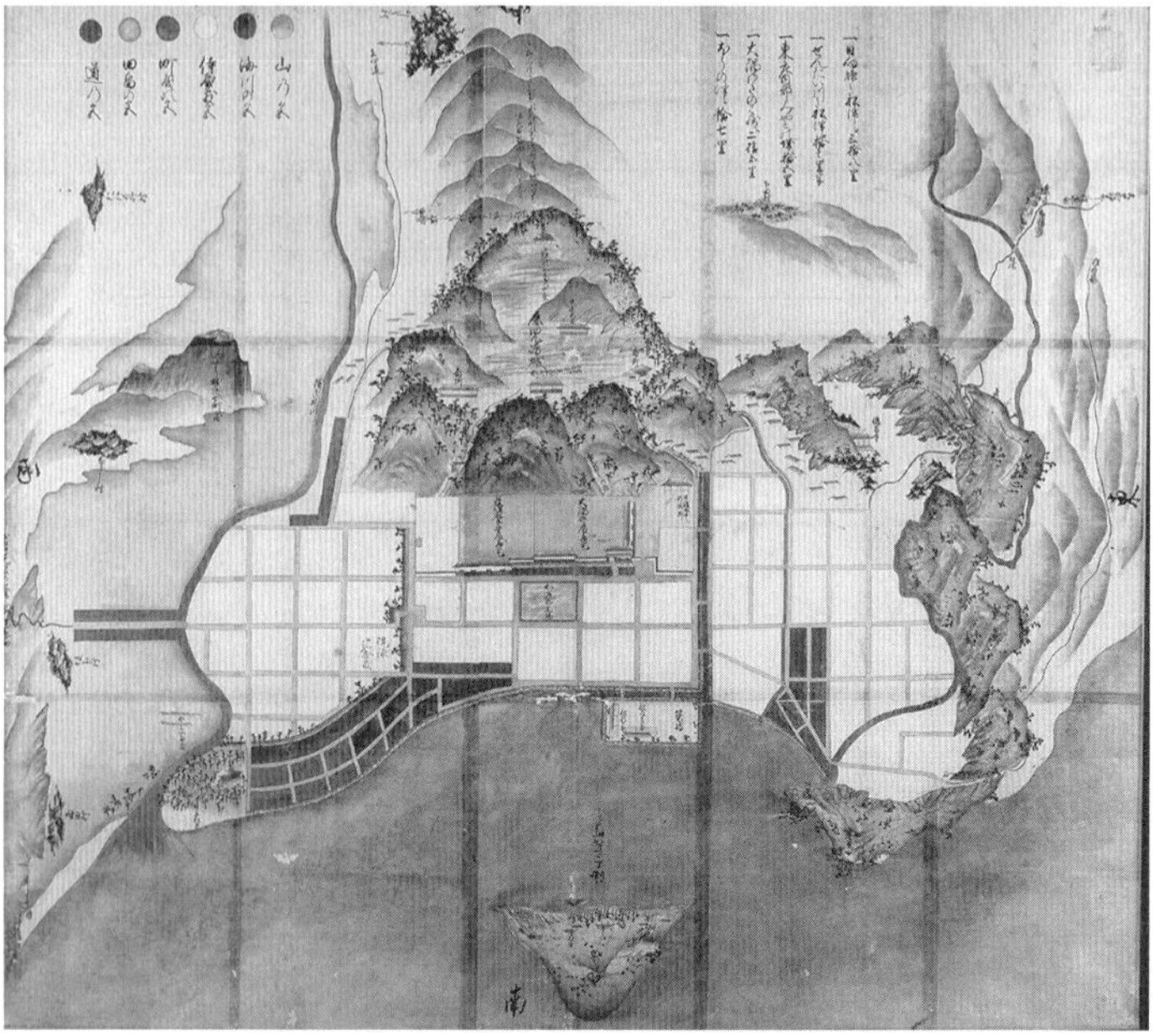

図 5-3　薩藩御城下絵図

いった。大目付以上の役は上身分のものしか就くことができず、有能なものを抜擢はしても一代限りであった。

町方は町奉行が支配し、商売人出入りの監督、往来手形の発給、町方公事等を司った。町人役には惣年寄・年寄・年寄格・年行司・年行司格・乙名《おつな》頭・横目役があり、三町の各町会所で事務処理をした。町人は、屋敷持ちの名頭《みょうず》と借家人の名子《なご》からなり、名頭は戸数割の畝掛金、礼銀、水手役、浦役などを負担した。近在は地頭によって支配され、その下に横目・年寄・組頭・庄屋がいて、これらの役職には城下士が任命された。

領内の人口の内四人に一人は士族で、

多くの士族を城下に集住さるわけにゆかず、藩は領内を百十余りの外城《とじょう》という行政区画に分け、外城衆中と呼ばれる武士を配し、地方行政と防衛の任にあたらせた（外城制度）。

外城には藩直轄の地頭所と、一門・一所持が支配する私領とがあった。一つの外城は数か村からなり、中心となる村に武士集落の「麓《ふもと》」があって、農業地は「在《ざい》」とよばれ、商業地は「野町」、漁業等を営む浦人の住む「浦」があった。麓は概ね中世以来の古城の近くにあり、地頭仮屋を中核として石垣に囲まれた武家屋敷がたちならび、小城下を形成していた。

実質的な外城支配は、噯《あつかい》（私領では役人と称す）・組頭・横目の所三役が行なった。噯は最高職で複数の外城衆中が任じられ、合議制であった。組頭は、数組に編成され外城衆中の頭役で、外城衆中の教導、外城の警備にあたり、横目は検察・訴訟を担当した。所三役の下に、書役・普請見廻《みまい》・野廻・相談役・触役・行司・郡見廻・櫨楮《はぜこうぞ》見廻・牧司《ぼくし》・庄屋・浦役・別当等があり、外城衆中が任じられた。城下士と外城衆中は同格であったが、城下士は半農半士の外城衆中を「肥《こえ》たんご士《さむらい》」「一日兵児《ひしてべこ》」とよんで蔑視した。

外城は延享元年（一七四四）の新設が最後で、その数は一一三となった。この時、一門・一所持には出水《いずみ》・伊集院・加世田・国分《こくぶ》・志布志《しぶし》・高岡など九二の外城、私領には加治木《かじき》・重富・知覧・鹿籠《かご》など二一の外城があった。私領の地頭は当初は任地にいたが、寛永年間以降、鹿児島定府となり、地頭は任地に一代一回だけ赴く掛持《かけもち》地頭になった。

都城《みやこのじょう》領では弓場田《ゆんばだ》・来住《らいじゅう》・大岩田《おおいわだ》・中尾・鷹尾の五口と、安永・山田・志和池《しわち》・野々三谷《ののみたに》・梶山・梅北《うめきた》の六外城に分け、地頭の指揮のもとに郷士年寄・組頭・横目を中心に郷士を居住させた。五口の地頭はほとんどが用人・番頭・組頭の兼任で、六外城の地頭は梅北外城を除き、おもに家老が兼務した。政務は家老以下用人・番頭・組頭・地頭らを中心になされ、その職務は後に表方と所帯方に分けられ、それぞれ家老二人によって管轄された。このほか藩から後見役の惣奉行や取次役の中取が置かれた。

薩摩藩の交通と琉球支配

家久が初めて江戸に参勤したのは慶長十二年（一六〇七）で、百八十人余の藩士を従えてのものであった。将軍秀忠に拝謁し、芝に宅地を与えられた。その後、頻繁に参勤するようになり、桜田・高輪・田町などにも藩邸を設けた。その桜田藩邸に寛永七年（一六三〇）に贅をこらした御殿を設え、大御所秀忠と家光を招いて、伊勢流故実で饗応した。

この時の参加者は本家筋では家久・光久・久直・忠紀らと家中衆十二人で、御成を迎えるにあたっては、膨大な費用をつぎ込んだ。座敷飾りの道具は唐《から》からの輸入物や琉球産の堆朱《ついしゅ》の盃台、京都の焼物などを手配し、平野肩衝《ひらのかたつき》など家伝の品もあった。数寄屋での食事と御茶を終えた後、くさりの間及び洞庫を経て寝殿での式三献・七五三の膳・十二合の折が行なわれ、その後、将軍・大御所から贈物を拝領、会所に場を移し、今度は島津家当主からの贈物進上があり、能の観賞となった。

寛永四年（一六二七）都城の北郷《ほんごう》忠能が家臣小杉重頼《しげより》一族三十余人を殺害、このように忠能の代に町人・百姓を含め六百人余りを成敗したことから、寛永八年に北郷家を継いだ忠亮《ただすけ》に対し、家久は教訓書を与えて忠能の行為を批判、忠亮を鹿児島に移し、家老の北郷忠歳を誅殺、寛永十一年の忠亮死後、家久の三男忠直に都城を継がせた。

参勤交代の制度は寛永十二年の「武家諸法度」で明文化された。島津氏の江戸までの経路は、薩摩半島西岸、または日向細嶋《ほそしま》と大坂の間は海路をとり、大坂と江戸の間は東海道か中山道を利用したが、中期以降は九州路で、小倉を経て山陽道を利用するようになった。

他藩に通じる主要街道は筋《すじ》と称し出水筋・大口筋・高岡筋があった。出水筋は小倉筋・西目筋とも呼ばれ、伊集院・向田《むこうだ》・川内《せんだい》・出水を経て肥後国水俣へと至った。大口筋は加治木・横川・大口を経て水俣に至る。高岡筋は日向筋・東目筋とも呼ばれ、福山・都城を経て日向国佐土原へと至った。このほかに加久藤《かくとう》から肥後国人吉へ至る街道、都城から飫肥へ、志布志から串間へ抜ける街道もあった。

出水—志布志の藩境には険しい山が連なり、自然の要害を成していたが、藩は道路についても陸路番所や辺路番所を設け、人や物資の出入りを監視した。主要街道に設けられた陸路番所は、出水野間・大口小川内《こがわち》・加久藤榎田《えのきだ》・野尻紙屋《かみや》・高岡去川《たかおかさるかわ》・都城梶山・同寺柱《てらばしら》・志布志八郎《はちろう》ケ野《の》・同夏井

図5-4　野間の関

の九か所で、間道に設けられた辺路番所は九十か所余に及んだ。高山彦九郎は寛政四年（一七九二）に野間の番所で入国を拒まれ「薩摩人いかにやいかに刈萱《かるかや》の関もとざさぬ世とは知らずや」と抗議して、二週間後に入国をゆるされた。

海上交通も主要な港に津口番所を置き、船舶の出入りや旅人や積荷を監視した。津口番所は出水米之津・脇元・長島など二十四か所で、琉球国の島々にも番所二十三か所を設けた。

琉球侵攻と貿易

慶長七年（一六〇二）に琉球船が仙台伊達領内に漂着したのを機に、家康は琉球を通じて明との国交回復を図ることを考え、翌年に島津氏に乗組員を本国に送還するように命じて交渉の糸口をつかもうとした。そこで島津氏は琉球国王尚寧《しょうねい》に家康のもとに聘礼使を送るように促すが、琉球が謝礼の使者を送ってこなかったので、十一年、島津忠恒は家康を伏見城に訪れ、琉球侵攻（「琉球入り」）の許可を求めて了承された。

慶長十四年三月に島津軍は樺山久高を総大将に、鹿児島衆・国分衆・加治木衆の船百余艘、軍勢三千余が山川湊を発った。琉球弧の灘に精通したトカラ列島の七島船頭衆二十四人が先導した。彼らは朝鮮出兵時にも船頭役をつとめ、自由貿易市場である琉球での貿易に依存していて、今回の琉球侵攻では河辺郡一人につき知行高三百石の論功行賞があった。

侵攻軍は大島・徳之島の南島諸島を経て沖縄島に侵攻、四月五日に首里城を落とし、さらに宮古島・八重山諸島も服属させ、五月に国王尚寧を捕虜として鹿児島に連れ帰り、琉球の平定を家康に報告した。家康は家久の功を賞し、「即ち彼の国之を進め候条、いよいよ仕置等申し付けらるべく候也」と、琉球を家久に与えその仕置を命じ、琉球は島津氏の「附庸《ふよう》国」となった。

琉球国王尚寧は家久に伴われて駿府で家康に、江戸では秀忠に謁見したが、それは捕虜の扱いでなく、手厚い対応となった。秀忠は島津氏に「中山王」の改易を禁じ、琉球王国は存続することになるが、「貢税」は島津氏に与えられた。島津氏は慶長十五年から翌年にかけて琉球本島から宮古・八重山まで検地を実施した。十六年九月には尚寧王ならびに三司官に対し、「薩摩」の下知のほかには唐への誂《あつらえもの》物停止、「薩摩」の判形のない商人を認めない、琉球から他国への商船を一切認めないことなどを令達して、貿易を統制した。琉球は伝統的な三司官による執権体制を維持しつつも、島津氏の

図 5-5　琉球人の江戸上り

統制下に置かれ、「諸式日本に相変わらざる様」に、と日本に同化させられた。

琉球に薩摩仮屋、鹿児島城下に琉球証人屋敷（後に琉球館）が置かれ、薩摩仮屋には在番奉行が詰めた。琉球から鹿児島へ毎年春の年頭使や特使が派遣され、将軍の代替わりには慶賀使が江戸に派遣され、この琉球使者には中国風の呼称・装束の使用が義務づけられた。

慶長九年（一六〇四）からの朱印船貿易では、多くの貿易家に特権が与えられたが、大名のなかでは家久が九通の朱印状を与えられて最も多く、島津氏は最大の貿易大名であった。その朱印状を渡航国別と年代別に列挙すると、渡航国別ではカンボジア・シャム三通、安南・西洋二通、ルソン一通で、年度別では慶長九年が三通、同十年三通、同十一年一通、十二年二通、十四年一通、元和元年（一六一五）一通の計十一通である。島津氏の朱印船貿易経営は、島津氏が主体で、貿易の経営を大迫《おおさこ》吉之丞に任せてカンボジアに派遣、所有の貿易船を貸し、筑後の原田弥次右衛門が安南に朱印船を派遣することもあった。

将軍家光は寛永十年（一六三三）に十七か条の禁令を出し、奉書船以外の海外渡航を禁じ、日本人の出入国を禁じるとともに、薩摩藩と平戸藩については糸割符《いとわっぷ》制を適用すると記し、明からの生糸購入地は長崎に限定された。翌年には家久に対し、領内での中国貿易を断念するように命じ、中国船の領内寄港を禁じた。

同十四年の島原の乱では薩摩藩にも出兵が命じられ一揆軍を鎮圧した。十六年のキリスト教禁教令でオランダが貿易相手国になると、琉球の進貢貿易にオランダ貿易を補塡させたため、薩摩藩は琉球で海外貿易を続けることが公式に認められた。薩摩藩領はオランダ船や唐船が長崎に向かう航路の途中に位置しており、領内に異国船がしばしば漂着したので唐通事を鹿児島城下と主要な港に、さらに朝鮮通事を苗代川《なえしろがわ》に配した。

家光は外国船来航に備えて異国遠見番所・火立番所などを設けさせたので、藩は遠見番所を長島・市来など十二か所に設けた。十七年に南蛮船が琉球八重山に来航して三百人が上陸したという知らせが薩摩に届くが、大事には至らなかった。

農政と密貿易

藩は農政を重視し、農業を重要な財源として、宝永二年（一七〇五）十一月に「農民の仕置、題目の事候間、飢寒の苦みなきやうに之を救ひ、耕作の時節を違へず、年貢徴納等の儀、油断無き様に、田地の支配人幷びに地頭職のものども、精を出し申し付くべき事」という法令を出し、農事の指導監督につとめ衣食住まで規制した。

これより前の寛永二十年（一六四三）三月十日に、幕府は幕領代官に宛て七か条の条目を発し、支配地の治水普請、麦作の善悪の見届け、村々の見回り、田畑の検分、年貢納入などの業務の遂行を命じ、第三条では「身上《しんしょうよ》能き百姓は田地を買取り、いよいよ宜しくなり、身体《しんだい》ならざる者は田畠沽却《こきゃく》せしめ、猶々身上成るべからざるの間、向後田畠売買停止《ちょうじ》たるべき事」と、百姓の田畠永代売買を禁じ、百姓の身上・身体、すなわち所帯の維持を図り、第四条では、代官は身上の保てぬ百姓に対し精を入れて「身体持ち立て候様」念を入れるよう命じている。

同十一日には、家作りにはじまる百姓の倹約の条々、耕作・田畑ともに手入れをするよう命じた百姓の家業・所帯維持の方策、百姓と地頭の争いの訴訟対策からなる十七か条の「土民仕置覚」を出し幕府農政の方針が定まったことから、薩摩藩はこれに遅れた形で農政の方針を示したのである。

また本多正信が将軍秀忠に上申したという『治国家根元』には、「民を憐れむ事」と題し、民を「人間の命を養ふ食物作り出す者」と規定、「民食世に沢山なれば世間豊なり。世間豊なれば国家長久なり」と民の食物生産で「世間」が豊かになり、国家は長久になると説き、百姓の所帯の維持が政策の根本にあり、幕府公儀は町・村に所帯をもつ町人・百姓に、国役・公役や年貢・労役を負担させたが、薩摩藩も後年に「農は国の根本に候間、百姓困窮に及ばず、追々戸口相増し候様、かかりの人々日夜心掛け末々迄行き届き、勧農の文字に相叶候様、吟味に及ぶべき事」という「覚」を示している。

宝永七年、藩は幕府巡見使に毎年五隻から十隻の唐船が漂着していると返答しているが、漂着に名をかりて貿易のために入港した船もあり、密貿易が横行し、享保年間に藩が抜荷を徹底的に取締まるまで、七十艘余りの商船が中国に出向いて密貿易に関わっていた。

この年の幕府への回答書で、志布志湊は大船の出入りが難しく、西風の折には繫留する船があり、猟（漁）船が五十二、五反帆以下の船五十六、六反帆以上の船九の計百十七船であると答えている。これは山川湊の百十八艘や内之浦の百一艘と比べても遜色なかった。この時期の志布志の海運業者は、前田家・山下家・藤後家であった。

薩摩藩内の町場は、野町・浦町・門前町に大別され、野町は「部当」（または町役）・年行事（または小部当）、浦町は部当（または町役・浦役）・年行事（または部当・小部当）の支配系列からなっており、浦町では郷士身分の浦役が町場の諸奉公の差引や宗門手札改め等の役割を担い、この浦役を補佐するのが町人から選出される年行事である。年行事の職務は異国船や難破船のへの対応、抜け荷の取締りであった。

幕府公認の琉球口貿易も盛んで、幕府は貞享三年（一六八六）に貿易額を年間三千両から二千両に減額させ、寛政元年（一七八九）には白糸・紗綾《さや》以外の唐物の領外販売を禁止した。

郷中教育

島津忠良（日新）は、家臣の子弟を集めて様々な話をきかせたことがあった。文禄・慶長の合戦では、朝鮮に渡った将兵らの留守を預かった新納《にいろ》忠元《ただもと》が、忠良の故事にならって、子弟らに話し合い仲間・噺相中を結成させて、格式を定め、武道を嗜み、士の格式を油断なく僉議《せんぎ》し、何事によらず互いに入魂《じっこん》に申し合わせ、不作法の過言をせず、古風を守り、虚言を申さず、忠孝の道に心掛け、大事に遅れずなど、自ら心身の鍛錬を行なわせたことがあり、これが郷中教育に発展したという。

すなわち藩士の子弟を区域（方限）に分ってこれを「郷中」と言い、それを単位に集まって、互いに協力しあって学び、鍛錬するもので、有用な人材の育成に役立った。子弟たちが自ら集団で学び、考え、行動するもので、年齢により二才《にせ》と稚児《ちご》に分けられ、二才は十四、五歳から二十四、五歳の青年、稚児は六、七歳から十歳くらいまでの小稚児、十一歳から十四、五歳までの長稚児《おせ》に分けられ、小稚児の教育は長稚児が、長稚児の教育は二才が行ない、二才たちは互いに鍛錬しあった。

子弟らは夜中まで行動をともにし、その間、郷中で定められた日課にしたがって四書五経を学び、『太平記』『三国志』『忠臣蔵』などを読む。忠良が武士の心得を説いた「日新公いろは歌」（前述）の「理も法も立たぬ世ぞとてひきやすき心の駒の行くにまかすな」という「り」を頭に振った歌などを暗唱し、「山坂達者」をスローガンにして体を鍛え、剣術や相撲などの稽古に励んだ。こうして上下関係を重んじ、議論よりも行動を尊ぶ薩摩士風を徹底的に身に付けた。

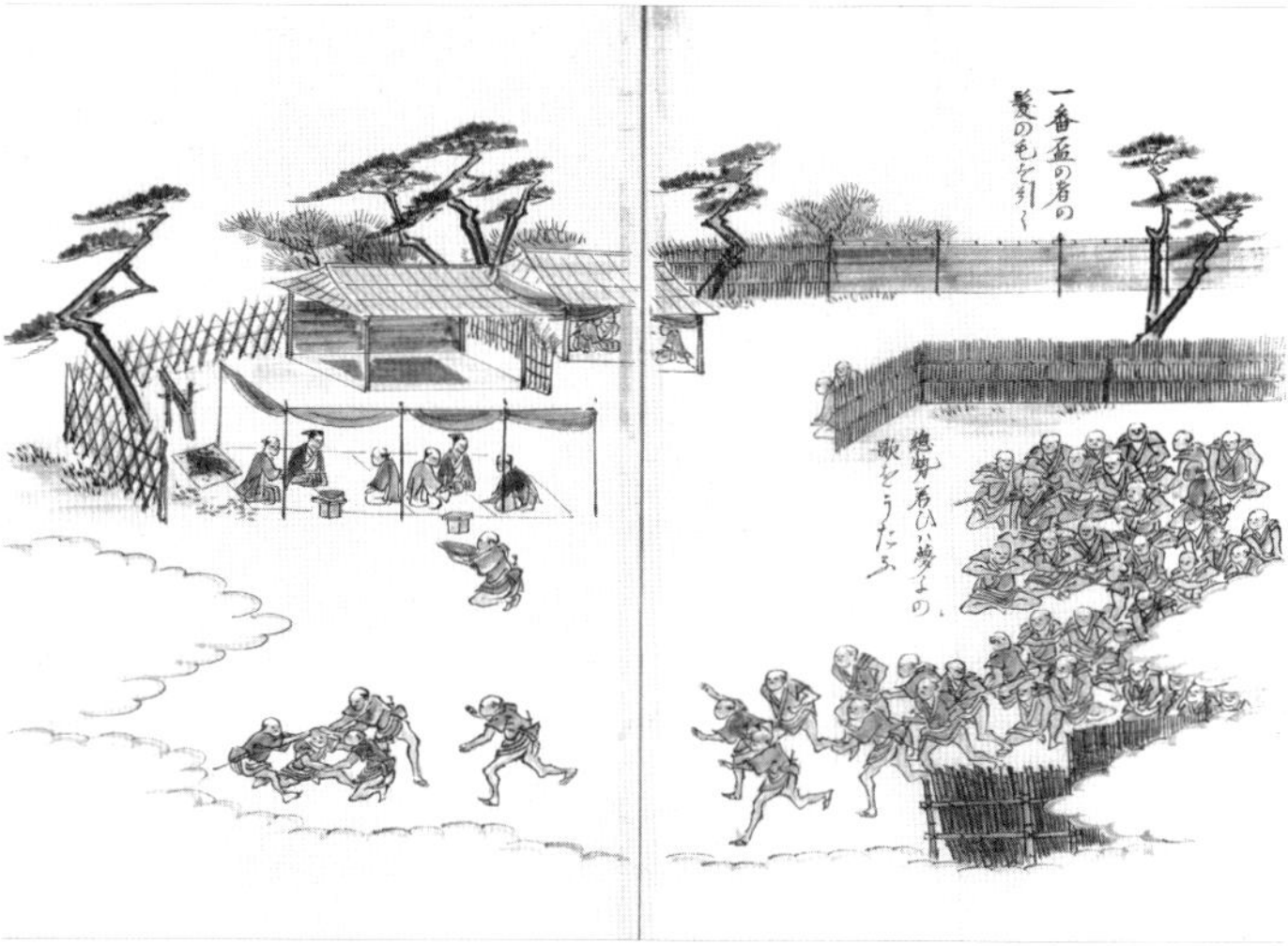

図5-6　郷士子弟の集団訓練

剣術は、天正十六年（一五八八）に上洛した東郷重位《しげかた》が天寧寺の僧禅吉から伝授されたという示現流で、ただ一刀にすべてをかけ、防御はなく「二の刀は負け」といわれ、技術を越えた気魄の次元の剣法であり、「胴《ず》をすえる」ための胆力の修練に熱中した。松浦静山の『甲子夜話《かっしゃわ》』は次の話を伝えている。

> 酒宴を設くるとき、大円形に群坐して人々の間を疎にして居り、其の中央に綱を下げて鳥銃をくくり付け、玉薬を込め綱によりをかけ、よりつまるを見て、火をさしながら綱の手を離せば、綱のより戻りて、くるくると回るうちに銃玉発す。円坐せしもの元の如くありて避けず。或はその玉にあたる者あるも患へず。

こうした剽悍さは戦国期の伝統をひくもので、その頃に流行った薩摩琵琶の弾法の豪快さにつながるものがある。やがてつややかな町琵琶のおこるのは江戸後期である。

犬追物《いぬおうもの》や流鏑馬《やぶさめ》などの弓馬馬術も盛んで島津忠久の代から伝わる馬術や、江戸で流行した大坪流馬術、日置流馬術もさかんであった。剣術に使う刀の製作では大和伝《やまとでん》の波平《なみのひら》刀工が活躍し、慶長年間に備後守氏房とその子丸田伊豆守正房が正宗の作風を受け継ぎ相州伝が隆盛となり、享保六年（一七二一）に武を重んじた将軍吉宗が全国の刀工からすぐれたもの三人を選んだ中の宮原正清、玉置安代の二人は薩摩の刀工であった。

しかし士道は衰退してゆく。下級武士の毛利正直は、天明期の士道について、時代を室町期の求め、直情径行な豪傑兵六が苦心のあげく、吉野の老狐を退治する筋書きの、『大石兵六夢物語《おおいしひょうろくゆめものがたり》』を著した。正直は、この作品について乱を忘れぬため、義理、気筋をわきまえ、力をたのまず、才に誇らず色に迷わぬ勇士の本分を説いて士道衰退を風刺したのである。

六　薩摩藩の文化と社会

焼酎と焼物

焼酎は、永禄二年（一五五九）に現伊佐《いさ》市の郡山《こおりやま》八幡神社の改築に携わった者が、座主がケチなので一度も焼酎を出されず迷惑だ、と棟木札に記していることから、この頃には相当に広く飲まれていたことがわかる。製造の技術は中国や東南アジア・琉球から伝えられたもので、江戸時代まで薩摩で飲まれていた焼酎は米焼酎が主で、阿久根《あくね》焼酎は薩摩の名産であった。

煙草栽培は慶長の頃から始まり、国分《こくぶ》、指宿《いぶすき》、出水《いずみ》地方で特に盛んで、「国分煙草」は阿久根焼酎と並んで江戸・大坂でもてはやされた。焼酎と並ぶ特産品のさつまいもは、庶民の主食であって、中南米が原産で、薩摩には十七世紀頃に中国・琉球を経て伝えられた。このため薩摩では「からいも」という。宝暦の頃、山川の前田利右衛門がさつまいもの普及を図って薩摩藩全土に広がった。それというのも山川の近くには南島航路の指標となった開聞岳《かいもん》が聳えている。

薩摩焼は島津義弘が朝鮮出兵から撤退した時に連れ帰った朝鮮陶工によってもたらされた。陶工は

図 6-1　山川港

三か所に分かれ、金海（星山仲次《ちゅうじ》）は帖佐《ちょうさ》に宇都窯《うとがま》を開き、加治木《かじき》に御里《おさと》窯を開いた。義弘は数度にわたって薩摩焼の肩衝《かたつき》茶入れを古田織部《おりべ》に送っていて、織部からそれへの評価が送られてきた。慶長十七年（一六一二）十一月には、この度の肩衝は二つとも形はよいのだが、釉薬がよくない、黒い釉を多くした方がよく、所々白い釉がはいるのもよい、などと記している。

元和五年（一六一九）七月に義弘が没すると、家久は居城周辺地に竪野《たての》窯を開き、これにともなって金海も居をうつしたので、御里窯を閉じ、子の金和は連房式登り窯や染付技法を肥前有田から導入、多彩な技法を加えた。幕末には島津斉彬《なりあきら》が技術を向上させ、その流れに平佐《ひらさ》焼がおこった。

都城《みやこのじょう》島津家の当主の久直《ひさなお》・久理《ひさみち》ら歴代も茶の湯を好み、本家当主や幕府の目付接待のための茶事を多く行って、久茂は数寄屋を創建し、茶道役を置いた。久直が都城に入った時には、本家茶道役の永田笑阿弥が同行、書院の管理や茶の湯の指導を行った。久定の代には池田松菊が茶坊主、関右衛門が本家での経験を生かして指南

図6-2　苗代川

を行なった。

窯は久倫《ひさとも》が天明元年（一七八一）に指南役として本家から茶碗焼方の陶工有村喜平次を招くと、土取場と窯場の調査がなされて、開窯に至った。前田弥左衛門が茶碗焼き奉行に任じたが、寛政六年（一七九四）に焼物所細工人に払い下げられた。続いて久本が長峯正員《まさかず》に鹿児島の竪野系窯を学ばせ、嘉永五年（一八五二）に宮丸《みやまる》村に宮丸窯を開かせた。後に経営困難となって、正員の個人経営となり、苗代川《なえしろがわ》系の陶工を雇用して甕《かめ》や茶碗などの日用雑器を産出した。

芳仲《ほうちゅう》は加治木に龍口坂《たつくちさか》窯、吉原《よしばる》窯を開いたといわれ、その跡を継いで小右衛門は山本窯を開き、湯の谷窯に移った後、加治木の高崎・松尾坂で白土を見つけて龍門司《りゅうもんじ》窯を開いた。川原芳工《ほうこう》は加治木の弥《み》勒《ろく》に染付白磁の窯を開き、黒釉・三彩など多彩な釉で目立つ。

朴平意は沈当吉らと慶長三年（一五九八）に日置郡串木野に上陸し、翌年、薩摩の最初の窯である串木野窯を開いた。同八年に藩の保護で元屋敷窯を開き、白土を発見、その子朴貞用らと白薩摩を生み育てた。朴正官が上総付けを導入、苗代川焼をはじめた。

苗代川の全村は李朝窯業の伝統を守り、参勤交代時には藩主を李朝風に饗応し、苗代川焼は藩御用の竪野焼と並んで主稜を成した。

文化の広がり

樟脳《しょうのう》の製造は寛永頃に朝鮮からの陶工によって伝えられ、禰寝《ねじめ》をはじめ各地で生産が進み、近世中期には中国と西欧への重要輸出品になり、西欧消費の樟脳は殆どが薩摩産といわれた（ツンベルグ『日本紀行』）。薩摩領は九州第一の馬産地で、大隅の福山《ふくやま》野など十数か所に藩営馬牧が設けられた。

鰹節の製造をはじめたのは紀州印南《いなみ》浦から宝永年間に枕崎に移り住んだ森弥兵衛といわれ、鰹節製造に必要な焙乾法・かび付け法等の技法を人々に伝授、薩摩節の名で世に知られるようになった。同地の鰹漁業は隆盛を迎え、領主の喜入《きいれ》氏の保護もあって興隆し、明和年間の枕崎浦の浦水主三百三十七人、船百七十余りになった。文政五年（一八二二）の『諸国鰹節番附表』では西大関に役島（屋久島）節、西前頭七枚目に鹿児（鹿籠《かご》）節がランク付けされている。

産金量は佐渡に次ぎ、正徳年間には全国の三分の一を産出し、山ケ野《やまがの》、芹ケ野《せりがの》、鹿籠の三金山がその中心であった。

絵画では、雪舟の高弟高城《たかぎ》秋月《しゅうげつ》が雪舟系の水墨画を伝えるが、薩摩藩では幕府が狩野派を重視したこともあって、それまでの力強く硬質な水墨表現を特色とした秋月系水墨画にかわって、狩野派が主流になった。島津光久は自ら狩野派を学び、狩野探幽《たんゆう》の高弟桃田柳栄《りゆうえい》を藩の御用絵師とした。また万治年間に磯に別荘（磯御殿）を建てた。十八世紀初頭の薩摩画壇を代表する絵師に坂本養伯《ようはく》・木村探元《たんげん》らがいる。

そのうち木村は享保十九年（一七三四）に京都に滞在、禁裏や島津家久の御用で屏風や衝立の絵に腕を振るった。また京都・江戸で茶の湯の見聞を広め、その談話を筆記した『白鷺洲』には茶に関するものが多く見える。絵画作品は狩野派を基礎にして、秋月系水墨画の力強さをもあわせもち、武を尊ぶ薩摩武士たちの心をとらえ「見事探元」の言葉を生み、その作風が画壇の伝統となった。

儒学の薩南学派は、伊勢貞昌《さだまさ》や川上久国らが学統を受け継いだが、十九代島津光久が寛文二年（一六六二）に林羅山の門人菊池東匀（耕斎）を孫綱貫《つなたか》の侍読に招いて以来、薩南学派はすたれ、享保年間以降は室鳩巣《むろきゆうそう》を中心とする江戸学派が主流となった。

和歌は文化九年（一八一二）に末川周山が自作歌を含めた垂水地方の歌集『浪の下草』、文政十一年（一八二八）に川畑篤実が藩全体の歌集『松操和歌集』を編むなど、近世初期からの郷士や町人に至るまでの和歌の文化の広まりを示している。連歌では大館賢順が都城の北郷《ほんごう》忠能に仕えて才能を発揮、承応二年（一六五三）に島津光久に同行、江戸で得た知識を活用して、連歌を牽引した。子の元晴は父から古今伝授を受け、島津久龍《ひさたつ》へも伝授し、以後、大館家は代々、『古今和歌集』を相伝している。

薩摩藩の宗教

寛永十年（一六三三）キリシタン武将明石掃部《かもん》の子小三郎が鹿児島で捕えられた。小三郎をかくまった一味には島津光久の外祖母の永俊尼（カタリナ）がおり、永俊尼は種子島に流された。この時期には外国人宣教師が領内に潜入する事件が相次ぎ、領内のキリシタンと関係をもっていた。事態に藩は弾圧を強めたため、やがてキリシタン問題は影をひそめた。

鹿児島城下の曹洞宗福昌寺、時宗浄光明寺、天台宗南泉院、真言宗大乗院、浄土宗不断光院、黄檗宗寿国寺（以上、全て現在廃寺）などが主な寺院で、曹洞宗寺院が多く、真言宗寺院がこれに次ぎ、藩の厚い保護を得た。妙円寺（日置市。廃寺。跡地に徳重神社）は明徳元年（一三九〇）に伊集院忠国の子石屋真梁《せきおくしんりょう》が開山、慶長九年（一六〇四）に義弘の菩提寺となった。この義弘の関ヶ原の戦いでの勇敢な戦いを記念して、戦いの前日九月十四日に城下の武士の子弟が義弘の菩提を弔って、鎧兜に身を包み、妙円寺に参拝するようになった（妙円寺参り）。

心岳寺（鹿児島市。廃寺。跡地に平松神社）は、秀吉の島津攻めに抵抗したため義弘に討たれることになった義弘弟の歳久を弔う寺で、鹿児島城下や宮之城地方の青年たちによる心岳寺参りが始まった。数万の群衆が心岳寺に参詣し、青年男女が各郷村から隊伍をなして参り、夜をあかして翌朝帰った。歳久を祀る大石神社（さつま町）に奉納されたのが中津川に伝わる「大念仏踊り《だいねんぶつ》」で、大名行列と念仏踊りとからなる。元来は稲の害虫の防除と豊作祈願のために踊られたもので、「棒打舞」「地割舞」

「猩々舞」「幣舞」「ささら舞」「鉦」「太鼓」等の舞からなる。藩内各地での太鼓踊りは御霊鎮護の祈りであった。

一向宗の禁制は早く慶長二年（一五九七）二月、島津義弘が朝鮮渡海に際し二十か条の置文の中で定めたことに始まる。寛永十二年に幕府のキリシタン改めにあわせて、一向宗の本格的な禁圧が始まり、全領民の宗旨改めを実施した。名前や身分、年齢・宗旨等を記した木札（宗門手札）を人ごとに交付し、ほぼ八年に一回、厳しい吟味の上、これを更新した。

明暦元年（一六五五）には宗体奉行、宗体座が設置され、取締りが強化されるが、ひそかに信仰し続ける下級武士層や百姓がいて、こうした「隠れ念仏」はしばしば摘発され、科料・財産没収・流刑が科された。拷問や斬罪が行われることがあり、士族の場合は士籍を剥奪された。

図6-3　田の神（霧島市）

庶民信仰では、田の神信仰が薩摩国日置、大隅国姶良《あいら》・囎唹《そお》、日向国諸県《もろかた》郡に特に分布している。「田の神様」は川のほとりの高台やあぜ道に石像として立てられ、直衣《のおし》・狩衣《かりぎぬ》姿の神官型の大型の坐像、杖《つえ》・鍬《くわ》を持ち御高祖《おこそ》頭巾をかぶる地蔵尊型の仏石像、右手に飯杓子《めしじゃくし》、左手に椀を持つ野良着姿の石像がある。今に残るものでは宝永二年

（一七〇五）銘（さつま町）のものが古い。豊年を祈り、豊穣を感謝する春秋の田の神講が催された。

天保元年（一八三〇）、薩摩に潜入布教した京の大谷派唯明寺の擬講法雲《ほううん》の報告では、鹿児島城下の六割は一向宗信者であったと伝えており、天保十年には十四万人の門徒が咎めを受けている。門徒らは部落を中心に講間《こま》（御座）という単位をつくり、番役が指導にあたって教線を維持した。天保十四年に肥後天草の斉藤全水は本願寺に、薩摩で本尊二千幅と門徒十四万人が摘発されたと報告している。

領内の神社は文政十一年（一八二八）改編の『薩藩政要録』によれば四二九六社、堂は三九三五宇、寺院は一〇五七寺があった。主な神社は正八幡宮《しょうはちまんぐう》、八幡新田宮、西御在所霧島六所権現《にしございしょきりしまろくしょ》、枚聞神社《ひらききじんじゃ》がある。東郷山田（薩摩川内市《せんだい》）の山田楽は、山田神社（諏訪神社）に九月十二日に奉納する太鼓踊りで、六から八人ずつの鉦打ち・太鼓打ちが演舞する。太鼓は山田郷に十八ある門《かど》から一人ずつ出て、鉦打ちを前にして神社への長い参道を「道楽」を奏しながら進み、境内で庭踊りをする。二十曲ほどの楽があった。

文明十六年（一四八四）、島津忠昌は霧島権現を東西両社にわけ、西社を田口に建立した。これが現霧島神宮である。天文十四年（一五四五）十一月十六日に島津貴久は疫疾の終息等を伊勢大神宮ほかの寺社に立願している（『薩藩旧記雑録』）。神武天皇の誕生した地に建てられたとの伝承がある狭野《さの》神社は、霧島山の噴火によって、慶長十五年（一六一〇）に麓の諸県郡高原《たかはる》に遷座した。

寛政二年（一七九〇）に薩摩の入来院浦之名《いりきいんうらのみよう》（薩摩川内市）で疱瘡《ほうそう》踊りが行われた。紫の頭巾に黒紋付きの女たちが踊り、先頭を伊勢の皇大神宮の神を現す大きな幣を担ぐ者がゆき、何列かの縦隊で、正面を向いて「めでたい、めでたい」の掛け声で踊って、疱瘡神を歓待し、神には満足して帰ってもらう。薩摩の他の地域では、庭に幔幕をめぐらし大臼をすえて数十人の男女が、囃しながら餅をつき、赤色の御幣で飾った神棚に供える祭を行っていて、供える疱瘡餅を惜しんだり、餅つきの時に賑やかにさわがなかったりすると、病人は死亡するといわれた。

門割制度

寛文四年（一六六六）の郷帳によれば、薩摩領内には六百五十二の村があった。その内訳は薩摩が二百五十八、大隅が二百三十、日向諸県が百六十四か村である。村は方限の小村に分けられた。村々の農政全般は郡方の担当で、その頂点に郡奉行がおり、各外城のもと、郡見廻が農政を受け持った。各村では士族の庄屋が農事や百姓の生活指導・監督にあたり、各方限では名主が庄屋を補佐した。

年貢や夫役《ぶやく》の徴集をはじめとする百姓支配は、門《かど》・屋敷などの農業経営体を単位に行なわれ、「門」は長の名頭と名子という複数の農家からなる農業経営体で、名頭を中心に共同で農作業に従事した。それに準ずる小規模な農業経営体が「屋敷」である。この薩摩藩の百姓支配体制を門割制度《かどわりせいど》という。

諸県郡高崎郷縄瀬村（都城市）では、村内の門は三分され、横谷・共和地区の門は上方限、三和・蔵

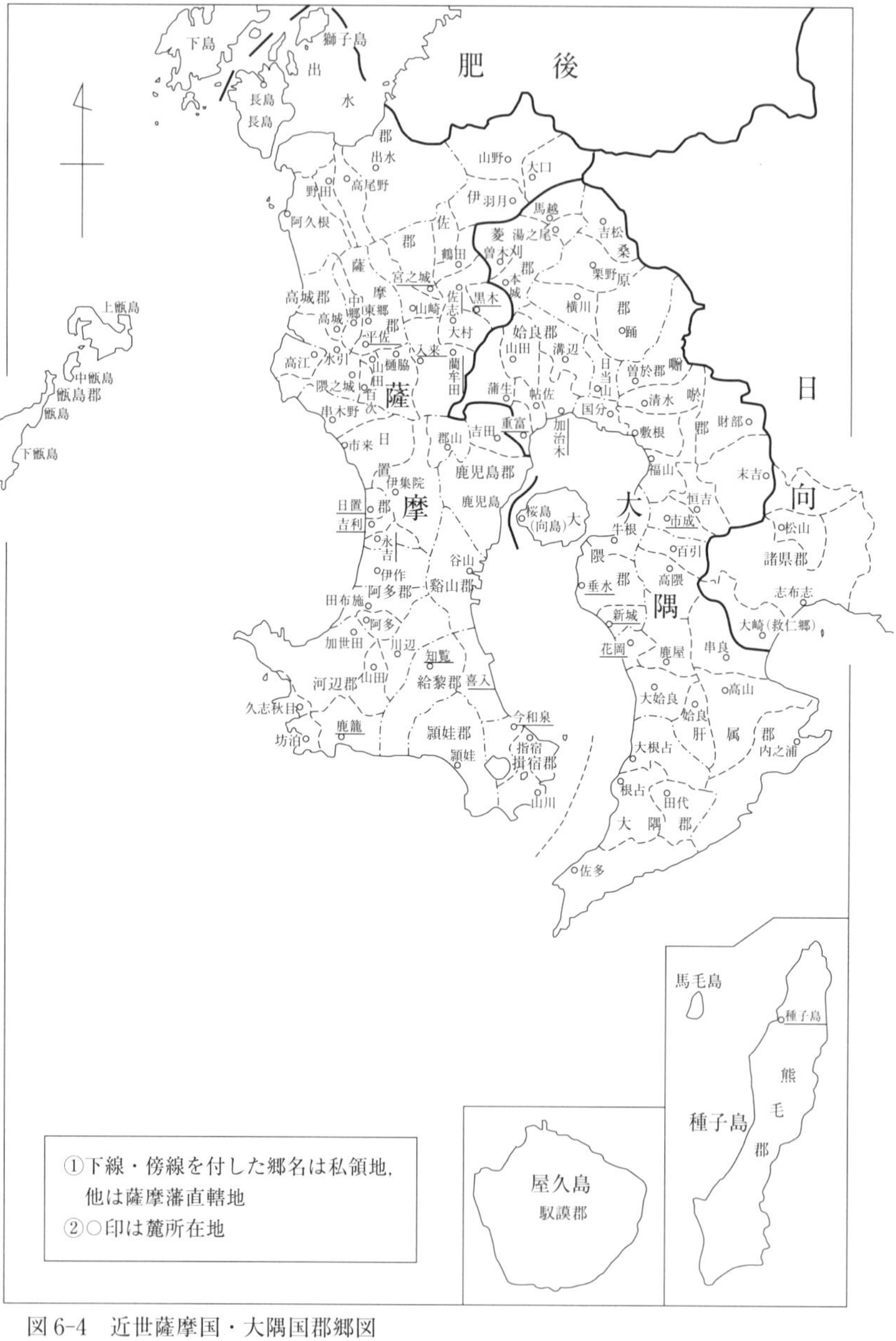

図 6-4　近世薩摩国・大隅国郡郷図

元地区の門は中方限、轟・島戸地区の門は下方限に属していた。文禄・慶長・寛永の内検後、万治内検があり、享保七年（一七二二）の内検では八十六万石が打ち出された。これらの検地を通じ門体制の名頭やその一族・下人が解体され、新たな門へと編成されていった。

島津家臣団に編入された名頭層は別の外城に移されて、本貫地との関係を絶ち切られ、元の土地にとどまる者は百姓とされた。内検では農業生産力を把握するとともに百姓の実態を詳細に調査し、十五歳から六十歳までの心身ともに健康な男子は「用夫《いぶ》」と呼ばれて重視された。一村もしくは一方限内の門が均等になるように、用夫たちは血縁・社会関係に関係なく強制的に配置しなおされ（人配《にんばい》）、耕作地も改めて門単位に割り振られた。

門高はおおむね二十〜四十石が一般的で、人口の多い西目（薩摩側）は小さく、過疎気味の東目（大隅・日向諸県）は大きかった。諸県郡飯野郷池島村（えびの市）では、村内十五門の内、門高五十石台の杉内流門と二十七〜三十石台の三門とを除き、残り十一門はすべて三十六石前後に設定されていた。

西目から東目に百姓を強制移植させる人配も、しばしば行われた。享保の内検の後、検地は行なわれなかったが、部分検地は実施されていて、新田開発による耕作面積の変化や、門間の耕作面積・年貢負担料に不公平が生じた際には、「親疎門割」の検地が行なわれ、門の均一化が図られた。村が荒廃し門経営力の回復、村落再建が必要なときには「御救門割」が実施され、年貢負担額が大幅に引き下げられた。

税には門単位の高掛賦課と人別賦課があり、高掛賦課の中心は門高に掛かる正租年貢で、高一石に対し年貢は米三斗五升（籾七斗）、ほかに役米弐升、代米一升である。人別賦課は用夫役（銀）で、年間十二日間の労役もしくは一日五分の代銀であって、新生児を含む全領民に対する人別出銀（一人銀一分）、女子への織木綿（下地綿またはその代銀）もあった。

士族は門高に編入される浮免《うきめん》が籾高一石につき米八升二合で、夫役免除、自費開墾の抱地は同上、永作は籾高一石につき米三斗九升で夫役免除、また実際の収穫高は石高以上、藪沢を開墾した大山野お年貢は見掛けと称する低率、古い荒地を再開墾した溝下見掛けも同じく年貢は低率で優遇されていた。永作以下は百姓にも所有を認められていた。

霧島山噴火と志布志海運

噴火は正徳六年（六月、享保と改元、一七一六）閏二月十八日の水蒸気爆発に始まり、三月十六日に再び噴火、八月十一日に大噴火して東川山麓に泥流が発生し、都城の高原狭野原《さの》・蒲牟田《かまむた》・櫟原《くぬぎはら》が一尺余り埋まり、山之口では一坪に一升三合の灰が降った。九月二十六日にも「神火」（大噴火）があって火砕流が発生し、瀬戸尾権現（霧島岑神社《きりしまみね》）に参拝していた大隅の福島の六人の内四人が噴石にあたって死亡した。

この九月二十六日の噴火では、地元の花堂《はなどう》曖《あつかい》所勤務の飛脚番が大石にあたって死亡、高原郷では東光坊社頭・米蔵・材木蔵・門前のすべてが焼失、小池から門前の間まで大石が二尺ほど埋まり、狭野神得院社頭から門前四、五か所を焼失、花堂町祓川《はらえがわ》は残らず焼き払われ、高原の百姓らは避難、山之口で一坪に六斗四升の降灰があり、郷の人々も方々に避難した。

十二月二十八日、二十九日の大噴火では、高原郷の花堂にある武士の居所、中町門前社家が残らず焼失、片添村がすべて焼失、高崎郷の高崎宇賀大明神・海臧寺や在郷一か所も焼失、山之口郷飛松辺まで大石が降り、高原郷の蒲牟田村や高崎郷の朝倉名辺を半数以上焼失した。翌年正月三日の大噴火では、高原など二十里余りに灰が降り、高原郷の麓・花堂・蒲牟田の人々は方々に避難した。三日の噴火では高原名・入来名・石ヶ野名・川平名の過半が焼失した。

七日〜二十一日の大噴火では山之口郷で大石や小石が一坪に一斗四升降り、瀬田尾から西鈴野岳より東の方が砂石灰によって、諸近郷の田畑十三万三百坪余りが砂に埋まった。なお正月十一日の被害状況は、灰が降った外城十二か所、焼失した家六百四軒、怪我人三十三人、牛馬の損失四百五頭、田畑の損害六千二百四十町八反六畝十九歩であり、高原・高崎でも降灰し、居住不可能になり各地に避難した。

しばらくして八月二日にまた大噴火した。この時の噴火は「西風で光るものがあり、雷のように鳴り渡る」と、火山雷をともなうものであった。享保三年になっても二月二十七に「霧島大噴火」があったが、その後の記事は途絶え、享保四年頃までに避難していた都城の高原麓の武士たちは全員戻った。

以上の被害への対応は、災害が起こると郷村側が被害状況を把握したうえで藩側に報告、調査を依頼すると、それ受けた藩は役人を現場に派遣して調査し、村側に対して再度の調査を指示、その結果の報告を求めた。郷村の状況は郡見廻《みまい》と曖《あつかい》が担い、百姓の状況は、百姓身分の功才《こうさい》や庄屋が加わって、報告している。

復興対策では、藩は被害状況の調査に基づき砂場作業参加者を配分してその夫飯支給額を決定、報告し、これを受け郷村は、夫飯を復興対策費にあてるため、郷独自の「所役」として請負い、不足分は藩に拝借米を要望した。他郷居住の避難民の受け入れは、当事者同士で郷村役人に申し出、曖から藩に上申、それを受けて藩が正式に承認するというもので、郷側は主体的に調査を実施し、救済については藩に期待した。

噴火も鎮まった享保十七年（一七三二）、志布志の藤後家の上り船は、大坂の伝法《でんぽう》浦に宛て、大坂蔵屋敷用米三百二十石、カヤ材百二十斤、松材百六十斤・塩六百貫を搬送し、下り船は志布志にあて、昆布五百斤、蠟燭百目もの百五十箱、同三十目もの三百箱、同十目もの五百箱、絣《かすり》反物七十反、布糸千三百個、綿六百斤を運んだ。

都城領を領する都城島津家は、米や産物を売買する目的から大坂や江戸に搬送するための貯蔵施設として、志布志郷内に蔵屋敷を所有していたこともあって、志布志浦には廻船業者が多く存在しており、藤後家はその一人であった。以後、安永二年（一七七三）までの四十年間に搬送した上り荷は、大坂蔵屋敷用、博多や伝法などへの木材、とりわけ屋久島産の平木、黒糖、博多・長崎への塩漬け鰤《ぶり》などがあり、下り荷では茣蓙《ござ》や髪油、蠟燭、傘など日用品が多く、注目すべきは牛馬の骨（山建）、鯨の骨（海建）等を各地から買い集め、粉砕して菜種などの換金作物の肥料とした点である。

財政の窮乏

武士を先祖とする京都の豪商石河自安《じあん》は、大名貸で渡世していたが、薩摩島津・肥後細川など西国の大名に貸していた金が返済されず没落、身上をつぶしたという（三井高房『町人考見録』）。幕府は享保十六年（一七三一）四月に前田・島津・伊達・黒田・細川・浅野・毛利・池田ら二十万石以上の大名に対し、幕府と歩調をあわせて買米を行うよう指示し、五月に江戸の米商人十八人に米穀の買い入れを命じ、七月・十月に大坂の町人に買米を命じている。

荻生徂徠《おぎゅうそらい》の弟子太宰春台《しゅんだい》は『経済録』（享保十四年刊）を著し、薩摩は大国である上に、琉球の貨物を独占して売り出すので富は海内に勝り、中華の貨物も琉球を経て薩摩に伝わり、諸国に売られて巨大な利を得ている、と高く評価したのであるが、家臣団の数が鹿児島士三千六百人と外城の郷士二万三百人と過大だったため、琉球貿易の利を得ても藩財政は常に窮乏にさらされていた。

しかもそこに宝暦三年（一七五三）に幕府から御手伝普請として、濃尾平野を流れる木曽・長良《ながら》・揖斐《いび》の三川の流れを分流させて洪水を抑える工事を命じられた。

この工事は、延享四年（一七四七）に二本松藩が始めたもので、薩摩藩に継承された。当初、工事費は十万から十四、五万両と見積もられたが、この金額は薩摩藩の大坂での国産品売上高一年分にあたるほどで、すでに五十万両の負債を抱えていた藩にとって大変な負担であった。家老の平田靱負《ゆきえ》を総奉行に任命し、大坂などで金策にあたらせ、藩士千人余りを美濃に派遣し、難工事の末、大改修工事は宝暦五年に完成し、以後、同地の洪水被害は激減した。出費の総額は四十万両、病死者が三十三人、割腹者が五十三人の犠牲者を出した。総奉行の平田靱負は、幕府の工事検分の直後に死去した。

享保十七年（一七三二）の大飢饉に幕府は、勘定吟味役の神谷久敬《ひさたか》ら勘定所の役人を被災地に派遣して調査させ、島津・細川・浅野・毛利・池田・山内・有馬・立花・宗（対馬領主）など西国の諸大名に対し、各一万両規模の拝借金を貸与した。

奄美の政治と文化

薩摩藩は、琉球王朝時代と同じく各間切《まぎり》に大親・与人・目指・掟などの諸役を置き、知行・切米を支給したが、元和九年（一六二三）に諸役を廃してすべてを切米支給とし、島役と琉球王朝とのつながりを切った。初期の島政は百姓の疲弊を防ぐことに主眼が置かれ、負債のために島民を使役するこ

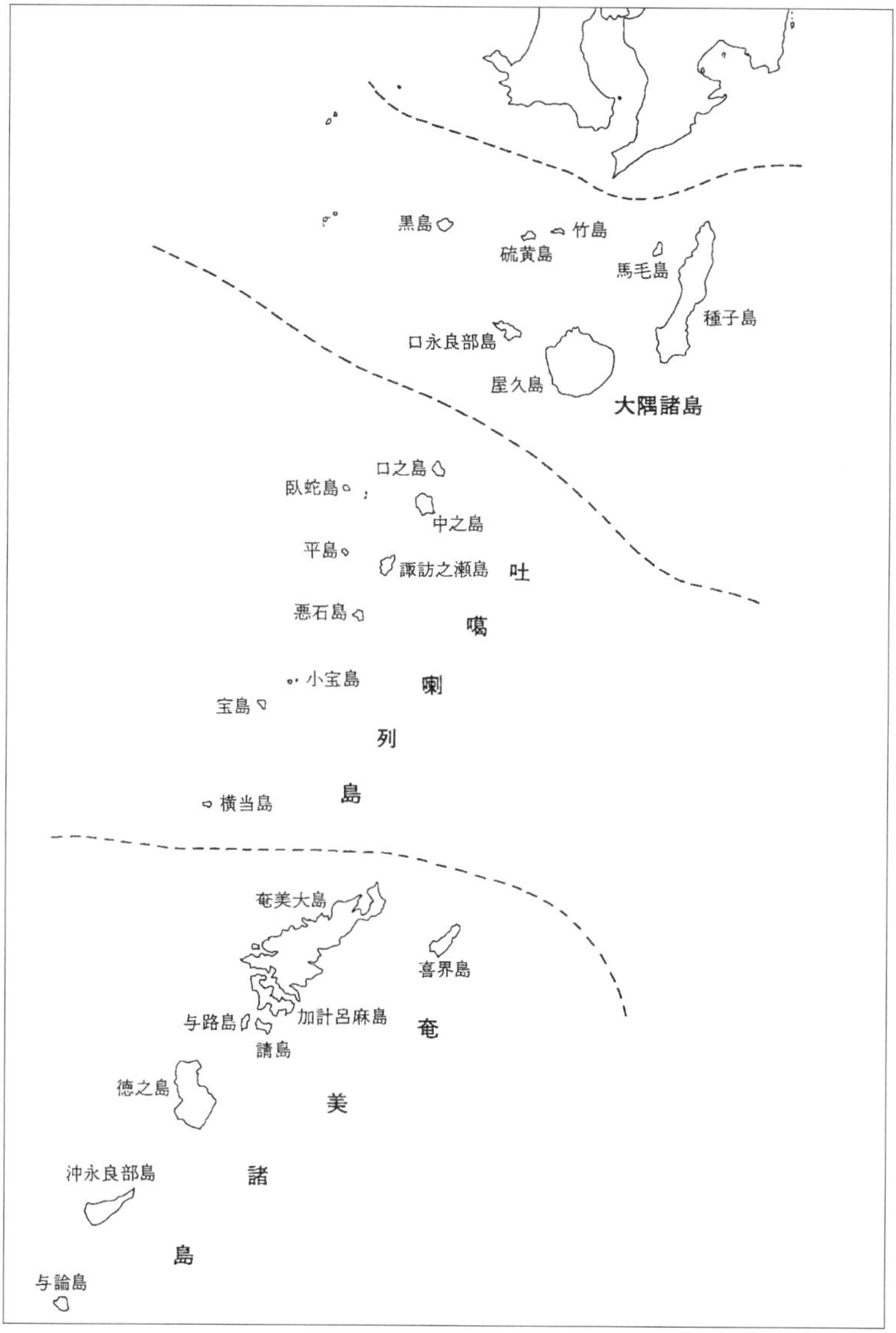
黒島
竹島
硫黄島
馬毛島
種子島
口永良部島
屋久島
大隅諸島
口之島
臥蛇島
中之島
平島
諏訪之瀬島
吐
悪石島
噶
小宝島
喇
宝島
列
島
横当島
奄美大島
喜界島
加計呂麻島
与路島
奄
請島
徳之島
美
沖永良部島
諸
島
与論島

図 6-5　薩南諸島

とを禁じ、百姓の保護政策が盛んに講じられた。とはいえ島のユカリッシュ（由緒ある身分）が島役を独占し、与人がノロになるなど琉球王朝時代のしきたりが暫く残った。

元禄十年（一六九七）頃に島民に薩摩藩の人名に紛らわしい名をつけている者には名を変えることを命じ、月代《さかやき》や剃髪を禁じ、医者見習いには薩摩人と同じ服装をすることを禁じた。喜界島《きかいじま》に八幡宮、徳之島《とくのしま》に観音堂、弁財天堂、沖永良部島《おきのえらぶじま》に弁財天宮を建立し、この時に古来のノロクメ・ユタなどの信仰を破壊した。宝永三年（一七〇六）には、徳之島の旧家が所蔵する系図・文書・旧記類を提出させ、それらを家の由緒とすることを認めないこととしており、ユカリッシュの由緒を抹消し、藩に貢献するものを名家（衆達《しゅうた》）として取り立て、秩序を再編成した。享保内検は享保十一年から始められ、門割制度が導入され、戸主ごとに名頭の肩書記載がなされた。

砂糖は大島の主要な産物で、諸説あるが、サトウキビの栽培が本格的に始まったのは元禄年間といわれる。黒糖の高い商品価値に着目した藩が、元禄八年（一六九五）に黍検者《きびけんじゃ》、黍横目《きびよこめ》、津口横目、竹木横目を設け、生産流通に厳しい監視を加えるようになり、正徳三年（一七一三）百十三万斤もの黒糖を買い上げ、延享二年（一七四五）には「換糖上納令」を公布して、租税を米から黒糖に改めた。このため宝暦五年（一七五五）の凶作では徳之島の島民三千人が餓死した。

奄美の民謡に「かしゅでぃ、しゃんでぃん、誰がためどなりゆみ、やまとんしゅぎりやな、為どうなりゆる（一生懸命働いても誰のためになるというものだ、薩摩の人たちのためにしかならない）」、「うすくがしゅまる石だちど太る、掟・黍見舞島《きびみめ》抱ちど太《だ》る（ウスクガジュマルは石を抱いて太くなる、掟や黍見舞島などの島役人は島を抱いて太る）」とあり、黒糖生産の犠牲になった人々の悲痛な叫びが聞こえてこよう。

奄美の社会

大隅半島から種子島に渡航して種子島に至り、その漁師は、瀬の多い横浜での建網漁や沿岸でのトビウオ漁を行っていた。

大島本島は周囲七十五里、大船の入港可能な港の数は二十有余、西側沿岸に良港が多く、徳之島《とくのしま》は大島本島に比べて良港が少ない。大島の東の喜界島《きかいじま》の港は四月から六・七月に碇泊するもので、沖永良部島《おきのえらぶじま》では大船を入れる港湾が無く、与論島《よろん》も大船を繋留する港がなかった。島内や各島間の交通は専ら海上交通が利用され、大木を刳《く》りぬいた丸木舟（板付船）が利用された。文化元年（一八〇四）の調査で、大島に所在する板付船は二百七、八十艘、三枚帆は七、八艘、独木船は二百五、六艘であった。

薩摩藩士で奄美に流された名越《なごや》左源太の『南島雑話』は奄美での見聞や記録をまとめている。それによれば、島人は図6-6のような家に住み、門の屋根には、夜間、家鶏が止まっている（図6-7）。着物は裾・袖が短く、帯は前で結ぶ。女性は入墨をしている。食は砂糖キビ栽培のため米作を抑えら

図6-6　奄美の家屋

れ、主食はシー（椎の実）・アマユリ（百合根）・ヤマン（自然薯）などで、豚やヤギなどの獣肉も食された。

山地では焼畑農業が行われ、山の木を切り倒して焼き払い、翌年の春に耕して甘藷をはじめ菜や野菜類を栽培、タバコも作られた。この畑も七・八年たつと、地味が衰えるので、今度は砂糖キビをつくって砂糖を製した。

山に自生する椎の実を飯に混ぜ、味噌・焼酎の補助用とした。椎の実は蒸したあと、乾燥しておけば、いつまでも持ち、凶年の用意とした。鹿児島まで三五〇キロもある島で、凶年には食物にたちまち窮するので、蘇鉄を植えて備え、マナツ・コゴスク・アンパチ等の救荒用の植物も植えた。

島にはイノシシが多く、イノシシは内臓までも味噌漬けにして保存した。島では味噌漬けが多く、保存食品の意味であった。クワの実、椎の実、砂糖などで焼酎が製され、神酒は十七、八歳の女子が生米をかみ砕いて、コウジに混ぜてつくった。

図6-7　夜，門の上に止まる鶏

『南島雑話』によれば、甘蔗から汁液をしぼりとるには、木製の竪型のローラーを三個すり合わせ、中央のローラーを回転すると左右のローラーも回転し、その間に甘蔗を挿入する。やがて水車を利用する方法が発明され、牛馬利用の場合よりも二・五倍も能率がよかった。このローラーを木口車、金輪《かなわ》車と称するものに改良したのが柏有度《ゆうと》である。ことに金輪車は

図 6-8　甘蔗をしぼる

便利で、木口車の倍もしぼれたという。汁液は石灰にまぜて煮詰めて砂糖とした。

大島紬《つむぎ》も京・大坂まで出荷され「織立はつやなけれども、程久しく相成り、つや出て至ってつよく、縞がらも色々あり」と記し、ハジノキ、ガキナ、サトイモガラ、ハックワキなどの植物染料で染め、泥土で媒染した（泥染）。芭蕉布もあり、「島地にも極々上品の多く織る」と記す。糸をそのまま琉球に送ることも多かった。

穀物蔵として高倉があり、床は地から七、八尺、四方に四尺余の軒を出す。四方に地から一尺のところに貫木があり、大風が吹いても倒れない。火災の時は下の貫木を抜いて倒す。高蔵を建てるには、カフカという日取りを決めて建てた。

七　藩政改革

重豪の藩政

「蘭癖《らんぺき》大名」と称された島津重豪《しげひで》は、藩主重利の長子で、宝暦五年（一七五五）に重利の死により十一歳で家督を継承、祖父継豊の後見を受け、同十二年に一橋宗尹の娘と結婚して徳川家との関係が深まった。初めて徳川家との関係を持ったのは、綱吉の養女竹姫が継豊と結婚したときである。

図7-1　島津重豪

重豪は号を南山と称し、薩摩の言語・風俗を江戸・上方風のものに改めるようにたびたび命じ、藩内への出入の規制をゆるめて他国人の往来を促し、薩摩の閉鎖的性格をうち破り、芝居や茶屋を許し町の活性化をはかった。自ら中国語をあやつり、オランダ語を修得して、中国語辞書『南山俗語考』を著し、侍医の曽槃《そうはん》と国学者白尾国柱《しらおくにはしら》に編纂させた『成形図説』は、和漢洋名の解説を施した農書・動植物百科

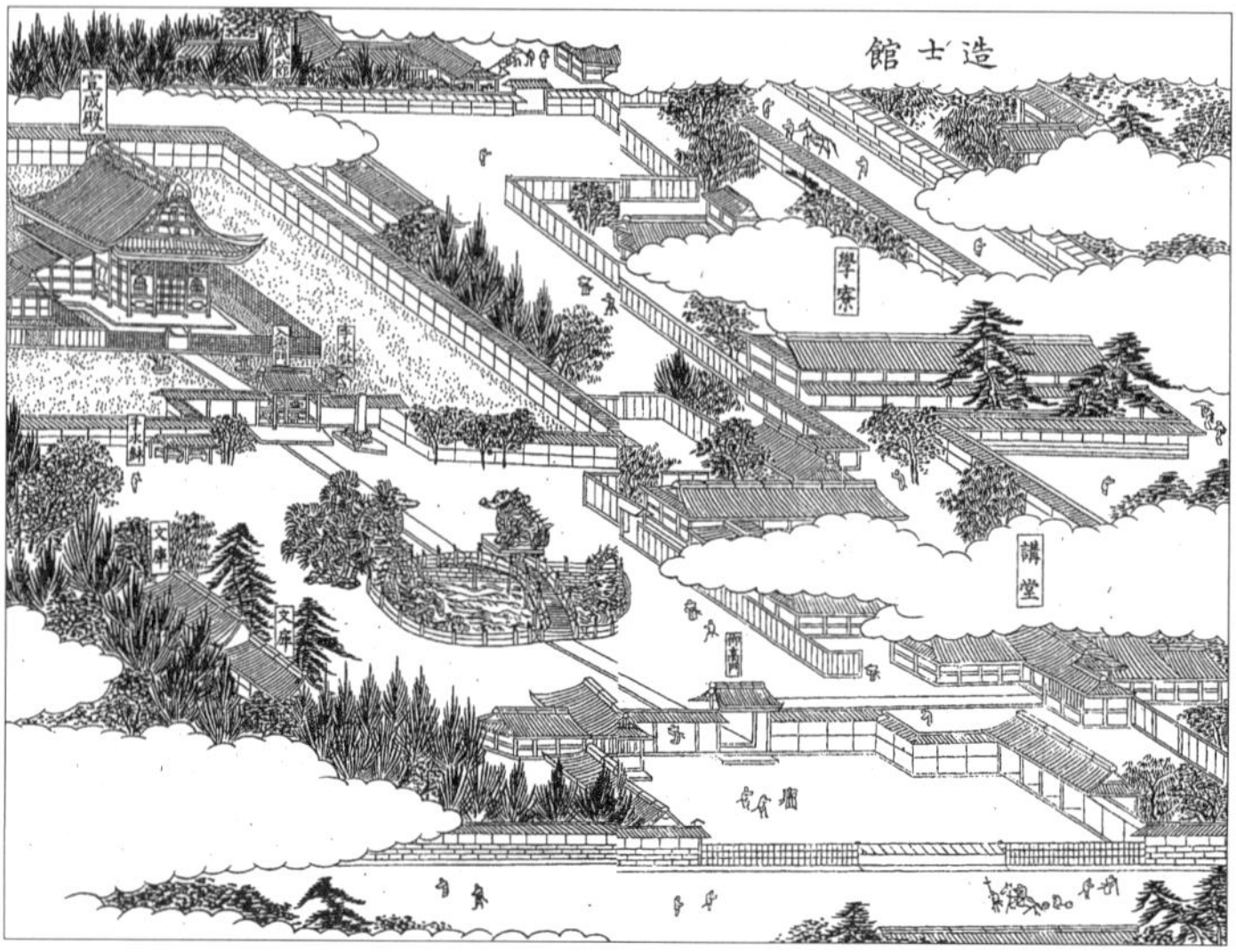

図 7-2　造士館

学全書で注目すべきものがある。

本草《ほんぞう》学に関心を抱き、田村藍水に『琉球産物誌』を編纂させ、中国、琉球や屋久島産の薬用植物の効能に関する『質問本草』や鳥類解説書『鳥名便覧』、その他世界地図の解説書『円球万国地海全図』など数多くの書籍を編纂・刊行した。また馬牧を奨励しジャワから外国種の馬を輸入した。

安永二年（一七七三）に城内二ノ丸御門前の地に、聖堂を中心に講堂・学寮・文庫などからなる藩校・造士館《ぞうしかん》を設立、儒学者の山本正誼《まさよし》を教授とした。これに隣接する地に武芸稽古場として演武館も設立して教育の普及に努めた。医療技術の養成にも尽力し、同三年に医学館を設立した。同八年には明時館《めいじかん》（天文館《てんもんかん》）を設け暦学や天文学の研究を行っている。

これらの学問所は武士や百姓・町人にも開かれていた。同八年に吉野村（鹿児島市）に薬園を設けている。諸県郡《もろかた》では大姶良《おおあいら》義礼が綾《あや》郷に私塾を営み、門人は二百人余を越え、高城郷では大井手村に三か所、穂万坊《ほまんぼう》村に四か所、有水・桜木・四家《しか》などにも稽古所が開かれたという。幕末にはこれらの稽古所は郷校となり、都城の明道館をはじめ郷校が生まれた。

道奉行や鳥見頭・薬園奉行・聖堂奉行などの職制を整え、佐多・山川の薬園を新設、明時館では渾《こん》天儀《てんぎ》・枢星鏡・ゾングラスなどで天体観測を行ない、その成果により薩摩暦を作成した。

安永六年（一七七七）には奄美諸島の黒糖の惣買い入れを実施し、黒糖生産の全余剰を収奪するが、この制度は天明七年（一七八七）に廃止された。また黒糖一斤の代米三合が四合とされて島民の生活はやや改善されたものの、藩財政の窮乏により島民の生活は再び圧迫され始めていた。

安永九年には外城衆中《とじょうしゅうじゅう》を郷士《ごうし》と改め、支配秩序の再編をはかった。中国や西欧の文化に強い興味を示し、自ら長崎のオランダ商館に出向き、チチングやズーフなど歴代商館長と親交を結び、オランダ船に搭乗している。

松平定信に仕えた地理学者古川古松軒《こしょうけん》は、天明三年に薩摩を訪れて、「外城に在宅して薩州の地をはなれざる士は、その容体、土佐絵にうつせし士のごとく、長き刀に脛も見へるやうの短き袴にて、言語も国なまりとて解しがた」い、と『西遊雑記』に記しており、その風俗・言語の改革については容易ではなかった。

こうした重豪の政策や行動には多額の出費がかかり、藩財政は木曽川治水工事で大打撃を受け、明和九年（一七七二）と天明元・六・九年に江戸藩邸が類焼し、安永八年には桜島が大爆発して、田畑数万石が被害を受けており、さらに天明二・四・六年と風水害が続くなど藩財政は悪化していた。

それもあってか、天明七年に娘の茂姫が将軍家斉の御台所になったのを契機に隠居、家督を長男の斉宣《なりのぶ》に譲り、将軍の岳父として権勢を振るった。次男を豊前奥平家に、十二男を筑前黒田家に、十三男を陸奥南部家に婿養子として送り込んでいたので、彼らとの交際費も無視できなかった。

斉宣は、財政逼迫に伴い、近臣を抜擢して、父の政策の多くを廃止・統合、人員整理を行ない、幕府に十五万両の借用、参勤交代の十五年間免除、琉球貿易の拡大を願い出ようとすると、この改革の内容を知った重豪は激怒、文化五年（一八〇八）改革の中心にあった樺山主税や秩父太郎を粛清し、翌年には斉宣に隠居を命じ、斉宣は嫡子の斉興《なりおき》に家督を譲った。重豪は斉興の後見役という形で再び藩政に関与した（文化朋党事件）。

調所広郷の登用

後見役の重豪は、五年間の緊縮財政を命じ、文化十年（一八一三）に趣法方を設置して所帯方全般を管理させた。幕府には唐物貿易の拡大を願い出て、将軍の岳父であった関係からある程度認められ、文政元年（一八一八）に唐物方を設置し、琉球王府による進貢貿易に直接介入するようになった。しかし重豪の改革では財政状況を改善できなかった。

文政十年（一八二七）に三都における藩の債務が、銀で三百二十貫目（金に換算して五百万両）に達していた。そのなかで利益のあがっていたのが唐物貿易で、重豪はそれを担当していた側用人の調所《ずしょ》広郷《ひろさと》を文政十一年に大番頭、大目付格に任じ、財政改革の主任に抜擢した。広郷は下級武士の子で、江戸に出府した際、重豪に才能を見出され登用された。

広郷は改革をまかされると、大坂の富商の出雲屋孫兵衛・平野屋五兵衛ら五人にかけあい、奄美産の砂糖の売却などの特権を与え、出資を引き出すことに成功した。その十人両替の平野屋五兵衛家の一員の高木善助が国産和紙の奨励のため薩摩に何度か訪れると、藩でも優遇した。島津若狭の別荘で饗応した時は、広郷も出席し、宴席は長崎の卓袱《しっぽく》料理と琉人踊りでもてなしている。島津家に伝わる献立には、豚・猪・鹿等の獣肉、燕巣・ふかひれ・唐くらげ・西国米（サゴ椰子の澱粉）・竜眼・からすみなどの中国風食材の卓袱料理、カステラ・ボーロ・アルヘイ糖等の南蛮菓子も見られる。

図 7-3　調所広郷

天保元年（一八三〇）、広郷は重豪から翌年からの十年間に五十万両の備蓄、非常時の手当、古い借金証文の取りかえしを命じられた。薩摩の特産品は米・生蠟・菜種・朱粉・砂糖・鬱金《うこん》・薬用植物などで、広郷はこれら国産品の品質向上や出荷方法に廻船を行なって利益を生み出した。なかでも「御改革第一之根本」を奄美地方の黒糖と位置づけ、黒糖の惣買入制を復活、奄美・喜界・徳之島三島に三島方を設け、砂糖黍の生産を強制的に割り付け、生産工程の改善を指示、その指導に従わぬ者や密売者を厳重に処罰し、十年間で二百三十五万両を売り上げた。このため「家人《やんちゅ》」という債務奴隷が多く生まれ、「黒糖地獄」とまでいわれた。

市場の大坂に三島輸送船を就航させ、藩御用を勤める海商と呼ばれる大船持ちの海運業者が諸湊に成長した。その中の浜崎家は五世の太左衛門が寛政年間の全国一六三人の長者番付の首班に「薩州湊太左衛門」の名で、伊勢の三井、大坂の平野屋、鴻池、出羽の本間らとともに紹介されている。安政二年（一八五五）作成かと思われる『道之島船賦《ふなふ》』によれば、指宿《いぶすき》の浜崎太平次（八艘）、城下下町の坂元為次郎（七艘）、柏原の田辺覚之丞（六艘）、波見《はみ》の重新左衛門（五艘）等に割り当てるとともに藩の海外貿易を荷担させ、その見返りに抜荷を黙認した。

浜崎太平次は藩主斉興・斉彬が湯治を楽しめるように二月田温泉《にがつでん》（指宿市）の湯殿にオランダ焼のタイルを使用した。また造船所を指宿の湊に設け、船大工三百人余を使用し、一、三百反帆の大船三艘を同時に建造する能力を有し、藩の御用船も建造した。海運・貿易根拠地の本部を城下の鹿児島に移し、同郷の永田藤兵衛を支配人にし、指宿のほか、箱館・新潟・佐渡・大坂・長崎・甑島《こしき》・日向高城・那覇にも支配人らを配置した。長崎支店は薩摩藩屋敷に併設しておかれ、同郷の人物を支配人に任命し、幕末には大船三十余隻を持っていた。

天保三年（一八三二）広郷は家老格になり、同四年の重豪死後も藩主斉興の下で改革を進め、国産品の販売促進のため品質向上と出荷方法の改善につとめた。薩摩米は出荷の実態を調査し、欠点を改め大坂市場での評価が上がって価格が向上した。専売品の砂糖や鬱金・薬用植物の品質管理を徹底し、唐物貿易では交易品や交易量の増加を幕府に働きかけるいっぽう、密貿易を積極的に行った。

広郷は増収をはかるとともに、支出削減策として、書き替えと称して借用証文をとりあげて、債権者には借入高を記した通帳を渡し、負債五百万両を二百五十年賦で返却、元金だけで利息なしにする償還法を、天保七年に大坂で、同八年に江戸で実施した。このやり方に商人たちが訴訟をおこしたが、藩は事前に幕府に十万両を上納してこれを封じ込めた。ほかに国産品輸送のために船を建造して経費を削減し、輸送力を確保した。天保九年には家老となって改革を強引に推進し、弘化元年（一八四四）には目標の五十万両の備蓄を達成した。

天保六年四月、幕府勘定奉行の土方《ひじかた》勝政は、新潟や海老江辺（新潟県村上市）で松前産の煎海鼠《いりこ》が直接に「薩州船え密売いたし候」と記し、「近来薩州船を外国の商船に仕立て、松前え差し廻し俵物類密売いたし候由風聞有之」と報告している（『通航一覧続輯』巻十）。翌七年に新潟と江戸の密売組織が見つかって、新潟に派遣された御庭番の川村修就《ながたか》は、「春は薩摩芋、夏よりは白砂糖、氷砂糖の類」を積み、禁制品の「薬種・光明朱」を下積にしておびただしく積んでおり、また富山方面から流出した唐物が東日本一帯に出回っていると報告している（『北越秘説』）。

富山の売薬商人は日本各地を幾つかの組に担当させて販売していたが、そのうちの薩摩組は蝦夷地から昆布などの俵物を大量に仕入れて薩摩藩に引き渡し、その見返りとして藩での売薬が認められ、中国製の薬種を入手できた。昆布は琉球に渡って琉球の食文化として根付いた。

大隅・都城の生業と祭

古川古松軒は『西遊雑記』に大隅について「東西狭く南北に長き山国にて、東は日向、西は薩摩、南は海、北へは長々と肥後の球摩《くま》郡にまで入り込みし国なり」、「日向と同じ風土にて、上方筋・中国筋にくらべ思へば、何もいはんやうなき下国にて、人物言語賤しく諸品不自由なり」と記す。

大隅の町には加治木《かじき》・鹿屋《かのや》・志布志《しぶし》があり、加治木は「外城と称して士家凡三百家ばかり。船着きの町にて商家も数多にて、大隅にて第一の市中といふ所なり」と『西遊雑記』は記し、『筑紫日記』（高山彦九郎）は、加治木は七百ばかりと記し、「加治木の町家は繁華、鹿児島につぐ」と高木善助の『薩陽往返記事』は記している。

鹿屋は商家が連なり、六斎市には噌唹《そお》・肝属《きもつき》・大隅・姶良《あいら》・指宿《いぶすき》の各郡から人々が群集して栄え、下大隅の第一の富邑であった。橘南谿の『西遊記』は、「薩《（ママ）》摩鹿野谷」の牛合せ行事を紹介している。

図 7-4　鹿野谷の牛合せ

志布志は港町で南島との密貿易の一根拠地とされ、その一人海商中山宗五郎政潟が活躍した。屋敷は「志布志で不思議は宗五郎《そごろ》どんの屋敷、表二階に裏三階《さんげ》、中はどんどんめぐいの四階建て」と謡われた。つまり表通りからみれば二階建て二棟続きであったが、裏から見れば一部が三階構造で、その三階の大部屋から海を臨むことができたという。土間には石を敷いた地下室まであったという。

宗五郎は飫肥《おび》の人といわれ、弘化年間から明治初期にかけて海運業で名をはせ、船名は富吉丸で薩摩藩の密貿易に深く関わっていた。他に志布志の海運業者は、山下家の弥三左衛門が観音丸、藤後家の浅右衛門が明神丸・明福丸、肱丘家の三石衛門が金山丸、中山家の三右衛門が住吉丸、又木家の武次右衛門が大徳丸、東田家の五右衛門が伊勢丸、近藤家の三五郎が明徳丸を用いて貿易を行なっていた。

日向諸県郡は、中世には庄内といい、島津氏発祥以来の領有地で、その中心地は都城《みやこのじょう》で、付近一帯の三万石の地は北郷《ほんごう》氏が領有した。都城は行政、商業の要衝で、平江町は商業が盛んであった。諸県郡から大隅始良郡にかけての霧島山一体には霧島岑《きりしまみね》、東御在所《ひがしございしょ》、西御在所《にしございしょ》、夷守《ひなもり》、狭野《さの》、東霧島等の霧島神社が分布し、様々な神話伝承を伝えてきた。

天明元年（一七八二）七月二十八日に九十五年ぶりに都城の安永《やすなが》諏訪神社の祭りが行なわれた。当日は早朝に通路筋を清め、御先払（足軽二人）・横目二人・鉄砲（本町町人十挺）・弓（三重町町人十張）など町人を含めて総勢約二百人を率いた領主の島津久倫《ひさみち》の行列は安永の正祝子宅に入り、行水をして身体を清め、着替えて桟敷で三献を行って、再び行列を組んで社頭に向かう。

社頭では神馬差し上げの儀が行なわれる間に舞楽があって、領主は桟敷に入り、正面に座って、また三献があり、この間に松元門《かど》・前田門など七門の百姓が隔年交替で相撲をとり、続いて流鏑馬《やぶさめ》を射手五人が行ない、最後に挙げ午神事も行われ、その終了後に武士役人らに酒が振る舞われ、桟敷では菓子が振る舞われた。こうして祭礼は終わり、領主は行列組んで帰途につき、途中で正祝子宅に立ち寄って着替え、御膳を戴いて下向する。なお祭礼には領主の桟敷のほかに祝子桟敷、百姓桟敷も設けられ、あらゆる人が見物するように考えられていた。

薩摩領の祭と生業

薩摩領は海岸線と島嶼に富み、漁業が盛んで、阿久根《あくね》・長島・甑《こしき》島の鰯・海鼠《なまこ》・鮑・鮪や、秋《あき》目《め》・鹿籠《かご》から口永良部《くちのえらぶ》島・屋久島にかけての鰹の漁撈がそのおもなもので、鰹節・干鰯《ほしか》は上方市場に送られた。領内四十二浦には、米津《こめのつ》、阿久根、京泊《きょうどまり》、秋目、久見崎《ぐみさき》、久志《くし》、泊、坊津《ぼうのつ》、山川、根《ね》占《じめ》、内之浦、波見《はみ》、志布志等の港町がある。

図7-5　知覧の武家屋敷

知覧《ちらん》は海岸線が僅か四キロだが河川の河口は沈水の入海になっていて天然の良港であり、この地の「イサバ船」の船主は広く海運業を営んだ。その一人、仲覚兵衛は大坂滞在中に骨粉肥料を発案、薩摩明神丸で運んで、骨粉が菜種・甘藷・稲に利用された。弘化元年（一八四四）に藩は骨粉肥料を専売とし、塩屋浦と鹿児島城下に「山建会所」を設けた。

島津知覧家の久峯《ひさみね》は京都の青蓮院門跡に書を学び、学問所を設けている。前述した木村探元の『白鷺洲』は久峯が筆記したものである。また麓の屋敷割りや庭園を整備した。仮屋の前の馬場を中心に道路割は丁字型交差を交えつつ全体は整然とし、各屋敷は石垣を積みあげ、塁壁としている。

知覧では旧暦八月十五日夜に各集落で「ソラヨイ」という行事が行われる。中福良《なかふくら》では子供たちが藁製のとんがり帽子と、蔦の腰蓑をつけ、中空のワラコヅミが置かれた広場に入場し、ワラコヅミの周りをゆっくりまわる。ワラコヅミに入った子が「サア」と声を掛けると、子供たちは立ち止まり内側を向いて、相撲の四股のような動作をしながら、「ソラヨイ、ソラヨイ」と言いつつ内側に踏み出し、つぎに後ずさりをする。これを数回繰り返した後、ワラコヅミを壊す。ソラヨイを行なう前には長さ二〇メートルの綱による綱引きが、男女の青年と子供の間で行なわれ、それがすむと、綱を切って土俵を作る。ソラヨイはこの土俵の場で行なわれた。

枕崎の旧暦八月十五夜の行事カヤヒキ（茅引き）は、子供たちが山のカヤを鎌で刈るのではなく、手で引き抜いて綱をつくり、綱引きに使用したことによる名称。子供たちは山で引いたカヤの束を持って歌を歌いながら山を下る。カヤは広場に集められ、青年（ニセ）によって練り上げられ、直径数十センチの太い綱がつくられる。夕方、子供たちは綱に腰掛け、綱を守り、青年は火縄を振りながら現れて子供たちを追い払う攻防がある。綱にかぶせられた藁を払いのけ、綱引きが始まる。これが終わると、その綱で土俵がつくられ相撲が行なわれる。

中世に日明貿易で栄えた坊津は、真言宗の名刹一条院（廃寺）の門前にあり、琉球廻船の要津であった。琉球や南島などへの航海は御用船の他は著しく制限されたが、藩の黙認のうち密貿易が頻りに行われた。阿久根の河南源兵衛、丹宗正右衛門、折田恒右衛門らは沖合で唐船と直接に交易した。

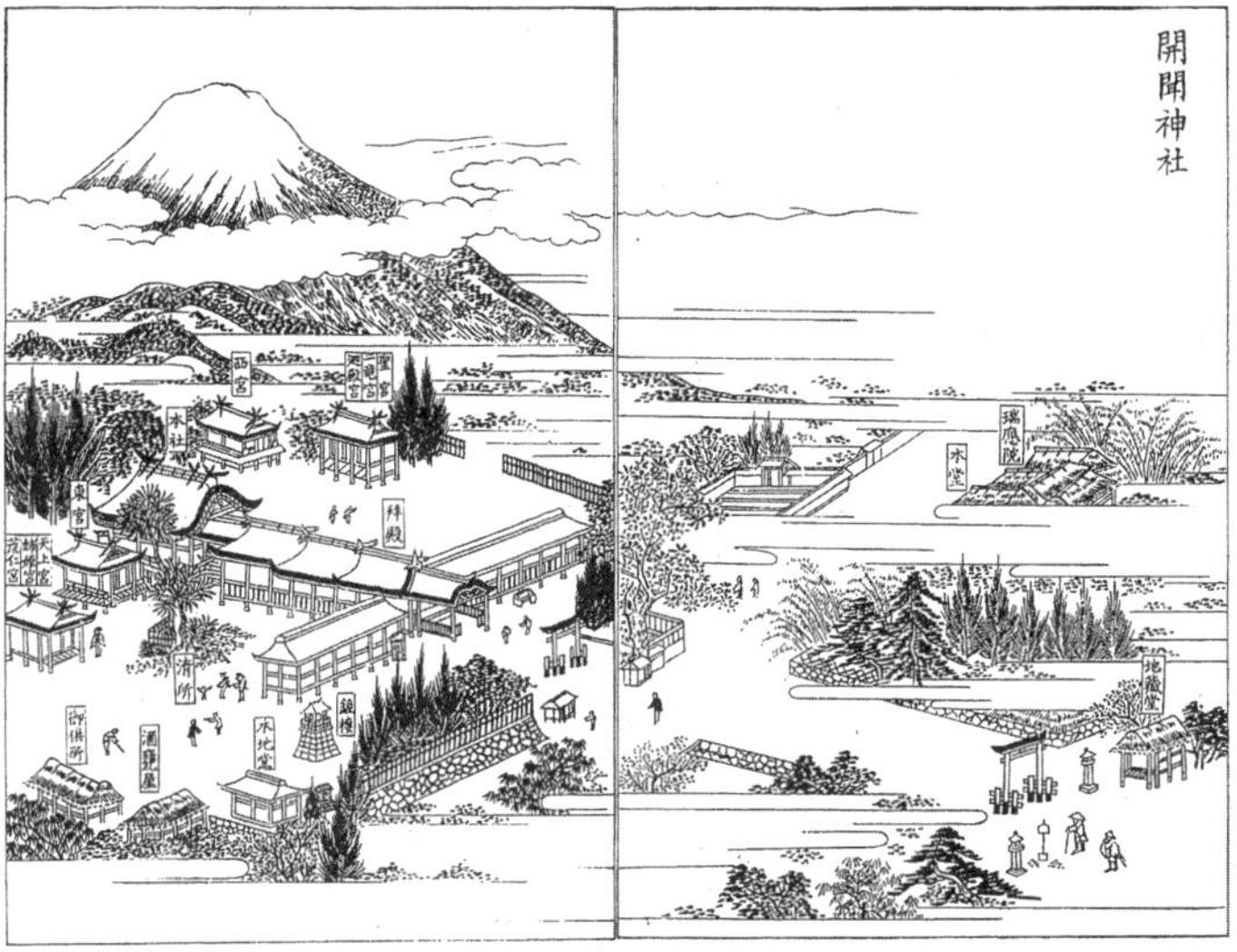

図 7-6　開聞神社

坊津の十五夜踊りも子供組を中心に行なわれる。子供たちは十四・五日に部落の筋を、灯籠をともし、青年（ニセ）の指導で口説《くどき》歌を歌って回る（スジマワリ）。十五日の昼に九玉神社に参拝、青年・子供たちは花笠を被り、女子は晴れ着に白鉢巻の十五夜踊りの姿で参拝、晩に大通りに櫓を組んで綱を練り、女子は浜に出て大きな輪を作って踊る。綱引きは大通りに綱をのばして置き、大通りから一本ずつ横路地に綱の頭を入れ、引くのではなく、この綱を上下させる。こうすると風雨の被害を受けないという。

山川は、薩摩の門戸として最良の港で、既述の指宿の浜崎太平治は山川を根拠とした藩内第一の富商であった。山川の近くに南島航路の指標となった開聞《かいもん》岳があり、その麓の枚聞《ひらきき》神社はこの地域の開拓の祖神として仰がれ、島津家はじめ衆庶の崇敬があった。琉球でもこの社を海神として崇めた。本殿は慶長十五年（一六一〇）再興の由緒をもつ。

『三国名勝図会《ずえ》』にはカステラ（加須底羅）が鹿児島の特産品の一つとしてあげられている。天明五年（一七八五）の「借銀売物部合幷諸式直段定」（『列朝制度』五十八）にはカステラ一箱一貫二百八十文、かるかん一箱一貫六百四十八文、羊羹一箱一貫二百七十文と記されている。安政六年（一八五九）に訪れた土佐藩士は豚肉が販売されており、豚肉を煮たものを御馳走になったと記している。

鹿児島城下は武士の町で「町は東向きにして、なかに屋敷町、前家なり。御城の後山は皆武士なり、町は三分、武家は七分に候なり」（『薩摩風土記』）と言われるごとくで、人口は文政年間の記録では武士約五万二千人余に、町人は約五千で、武士の一割にも満たなかった。武士の各階層の家数は弘化三年（一八四六）に一門四家、一所持二十九家、一所持格十二、寄合五十二、寄合並十、無格二、小番七百六十、新番二十四、御小姓与六千百四十六家である。鹿児島は近在の在郷二十四か村と野町二町（人口は総計一万四千人）を含む藩の直轄特別区域を形成していた。

鹿児島の祭には十五夜がある。明治の城下の年中行事を記す『薩藩年中行事』は、「十五日は十五夜である。今日と余り変わったところもない。夕方になると庭先に臼をだし、その上に箕を置いて花活にススキ・カルカヤと栗・椎の枝を掛け、重箱に五夜の団子と桝に栗・里芋・唐芋の黒ゆでを入れ

図7-7　鹿児島の綱引き

てそなえる。子供たちは前々から用意して十五夜の綱を競って綱引きに興ずる」と記し、村中の老若男女が集まって月明かりのもと、綱引きや相撲等の十五夜行事を展開した。橘南谿の『西遊記』は、勇壮な芸能である薩摩鹿児島の十五夜の綱引き行事について記し、その図を掲載している。

モリソン号事件と諸改革

天保八年（一八三七）アメリカ商船モリソン号が日本人漂流民を送り届けるために浦賀に来航して砲撃されて退去、その後、鹿児島湾入口の山川港に碇泊するが、砲撃を加えられ去っていった（モリソン号事件）。この直後、島津斉興は家臣鳥居平七らを高島秋帆《しゅうはん》に入門させ、鳥居は秋帆に学んで洋式砲術を藩内に弘めた。十四年十月にはイギリス船サマラン号が八重山《やえやま》に来航、琉球側の

図7-8　島津斉興

退去要求に対し、サマラン号側は国王の命令であると称して、船員を上陸させ測量を強行した。

翌弘化元年（一八四四）にはフランスの軍艦アルクメーヌ号が那覇に来航し、通商を要求した。この来航の知らせを受けた斉興と調所広郷は、危機感をつのらせ、老中阿部正弘に状況を報告して指示を仰ぐと、阿部は警備兵の派遣を命じたが、アルクメーヌ号がすぐに出航したこともあって、少数の派兵にとどめた。

ただ宣教師と通訳が那覇に留まり布教の許可を求め、弘化三年にはイギリス船で那覇に至った海軍伝道会の宣教師が上陸して通商・布教を求めることなどがあった。さらにフランス軍艦三隻も琉球に来航、司令長官セシーユが通商を要求して圧力をかけた。

同三年斉興は上町向築地に鋳製方を設立し、青銅砲・ゲベール銃・十文字砲・自在砲などの製造にあたらせた。指宿や山川・佐多《さた》・根占・鹿児島などの沿岸の要所には台場を築き、海岸の防備を固めた。翌弘化四年には甲州流軍学を廃し、洋式に統一する軍制改革を行ない、軍役負担の基本となる給地高の改正に着手した。

斉興は調所広郷とともに藩の財政改革を進めたが、斉興の子斉彬《なりあきら》は高野長英や箕作阮甫《みつくりげんぽ》などの蘭学者から知識を吸収していたこともあって、西欧の科学技術や制度を積極的に導入、軍事力を強化する軍制改革をめざすことを考えていた。こうしたことが藩財政の悪化をもたらすのを斉興・広郷はおそれていた。斉彬が斉興・広郷と対立するなか、やがて異母弟の久光擁立派との抗争になった。

三島の黒糖専売制度が強化されるにつれて、藩の公用船による運送が盛況を見たのは、薩摩藩の積極的な御用船育成政策があったからである。天保改革を推進した海老原清熙はその理由を、他領からの雇船は船主が怠けて積み出しの時期が遅れがちなこと、長州・防州・阿州の借船は積み荷をごまかすこと、不相応な重荷積み入れにより海難事故が多いこと等を指摘している。

そこで藩内の海商の保護育成策が採用され、海商の過当競争を防止する手段がとられた。嘉永三年（一八五〇）に鹿児島城下在住の船主に船玉講（正月に船の安全・商売繁昌を祈る講）で道之島への船賦《ふなふ》を行うこととさせた。その結果、船玉講において籤取が行われ、順番に就航することにより過当競争がおさえられた。

斉彬の改革事業

嘉永元年（一八四八）の密貿易の責めを負って広郷が自害、斉興の側室お由羅に関わる嘉永朋党事件（お由羅騒動）がおきるも、斉彬はこの抗争を老中の阿部正弘、宇和島藩主伊達宗城《むねなり》らの支援をえて乗り越え、斉興を隠居に追い込み、嘉永四年二月に薩摩藩主になって、まず手がけたのが反射炉の建設に始まる富国強兵事業であった。翌年、磯浜別邸の仙巌園に反射炉の建設に取り掛かった。

反射炉は燃焼室で石炭などの燃料をもやし、その炎を壁に反射させて、溶解室の銑鉄を溶かし鋳型に流し込むもので、嘉永三年に佐賀藩がオランダ陸軍のヒュゲニンの著書を参考に建設を始めていた。斉彬はこの翻訳書を譲り受け、仙巌園に反射炉の建設にとりかかり、安政元年（一八五四）に造ったが、地盤強度や湿気に対する配慮に欠けて失敗、第二次のものが同四年に完成した。

図 7-9　島津斉彬

現在、反射炉の残存する石組には城跡を思わせるしっかりした石垣状の基礎組があり、その内部の縦横に人の通行が可能であるトンネル状の暗渠がある。上から観察される石組は、石同士の隙間を一〇〜二〇センチ離しており、これは最初の失敗に学んだのである。

安政元年に建設に着手したとされる洋式高炉の跡は未だ特定されていない。斉彬は磁鉄鉱由来の鉱石銑が鋳砲に当たっては優秀であることを見抜き、鉱石銑を産する洋式高炉の建設に踏み切ったのであるが、この事業は芳しい成果はあげえなかったようである。

その間、ガラス工場や蒸気機関製造所などの工場を次々に建て斉彬はこれらの工場を集成館と命名した。

図 7-10　反射炉跡

図 7-11　旧集成館機械工場

嘉永四年七月、土佐藩の漂流民でアメリカから帰国した中浜万次郎（ジョン万次郎）を保護して、藩士に造船法などを学ばせ、安政元年に洋式帆船「いろは丸」「越通船《おつとせん》」を完成させ、前者を琉球航路に利用した。その帆船用帆布を自製するために木綿紡績事業も興した。なお万次郎は天保十二年（一八四一）に土佐中ノ浜（高知県土佐清水市）から出漁中に遭難し、アメリカの捕鯨船に救助されて、アメリカで教育を受け、捕鯨船乗組員となり、嘉永四年に琉球を経て薩摩に上陸し、斉彬に保護されたのである。

嘉永六年に斉彬は領内の防衛軍事強化のため、十一月十二日に桜島から巡見を始め、垂水《たるみ》・新城・花岡・鹿屋・大姶良・大根占・田代などを経て、内の浦・高山・大崎・志布志・松山・末吉から十二月二日に都城に到着すると、領主館に入り、久本らに迎えられた。書院で宴が催され、馬の閲覧があった後、二汁五菜や再度の馬の閲覧があった。風呂と夜食をとり、久本らを呼んで吸物を召し、久静から菓子が出され、面々が退出、斉彬は寝所に入った。休息所や裏座、用事所、湯立所、風呂屋、茶之間、水屋、茶道部屋などへの道具の飾りがなされた。巡見は以後、高城・高岡を経て、霧島・国分・敷根・清水・加治木・帖佐《ちょうさ》・蒲生《かもう》・吉野という行程をたどり、十二月二十五日帰城した。

斉彬治世下の鰯網方等が作成にかかわった「旧薩藩沿海漁場図」は、頴娃郷に網代五、敷網が十二、地引網が十七、藩の「御手網」が一、鰹漁の船ほか十二艘、立網二十、持網二、伊作郷に地引網十、小網八、大網二があるなど、薩摩藩の各郷の漁場図に漁法を記している。

また在野の歴史家伊地知季安《いじちすえやす》が精力的に史料を蒐集して『漢学紀源』『管窺《かんき》愚考』などを著していた功績を認め、記録奉行に抜擢し、子の季通とともに藩内の古文書を編年で集録した『旧記雑録』を編纂させた。

八　対外情勢の激化

ペリー来航の衝撃

一八五二年（嘉永五）十一月、米国東インド艦隊司令長官兼遣日大使ペリーの乗る蒸気フリゲート艦ミシシッピ号は、バージニア州ノーフォークを出港し、大西洋を渡ってケープタウン、マラッカ海峡、シンガポールを経て、翌年五月四日に上海に到着してサスケハナ号と合流、五月二十六日に琉球王国の那覇沖に姿を現した。

琉球王国の総理官が旗艦サスケハナ号に乗り込んで協議に入った。ペリーは首里城訪問を要求して拒否されたが、無視して武装の兵員を率いて六月六日に泊浦に上陸、多数の住民が見守るなか、首里城をめざし大砲を先頭に隊列を整え、将兵を率いて行進し、中山門から歓会門を経て入城した。首里城の北殿で総理官・布政官ら高官と対面、国王や皇太后への贈物を披露して王宮を出た。

ついで浦賀に向け出航、嘉永六年（一八五三）六月三日、浦賀沖に現れ停泊した。投錨した艦隊はサスケハナ、ミシシッピ、サラトガ、プリマス号の四隻で、一列に並んで町に搭載砲を向けた。大砲

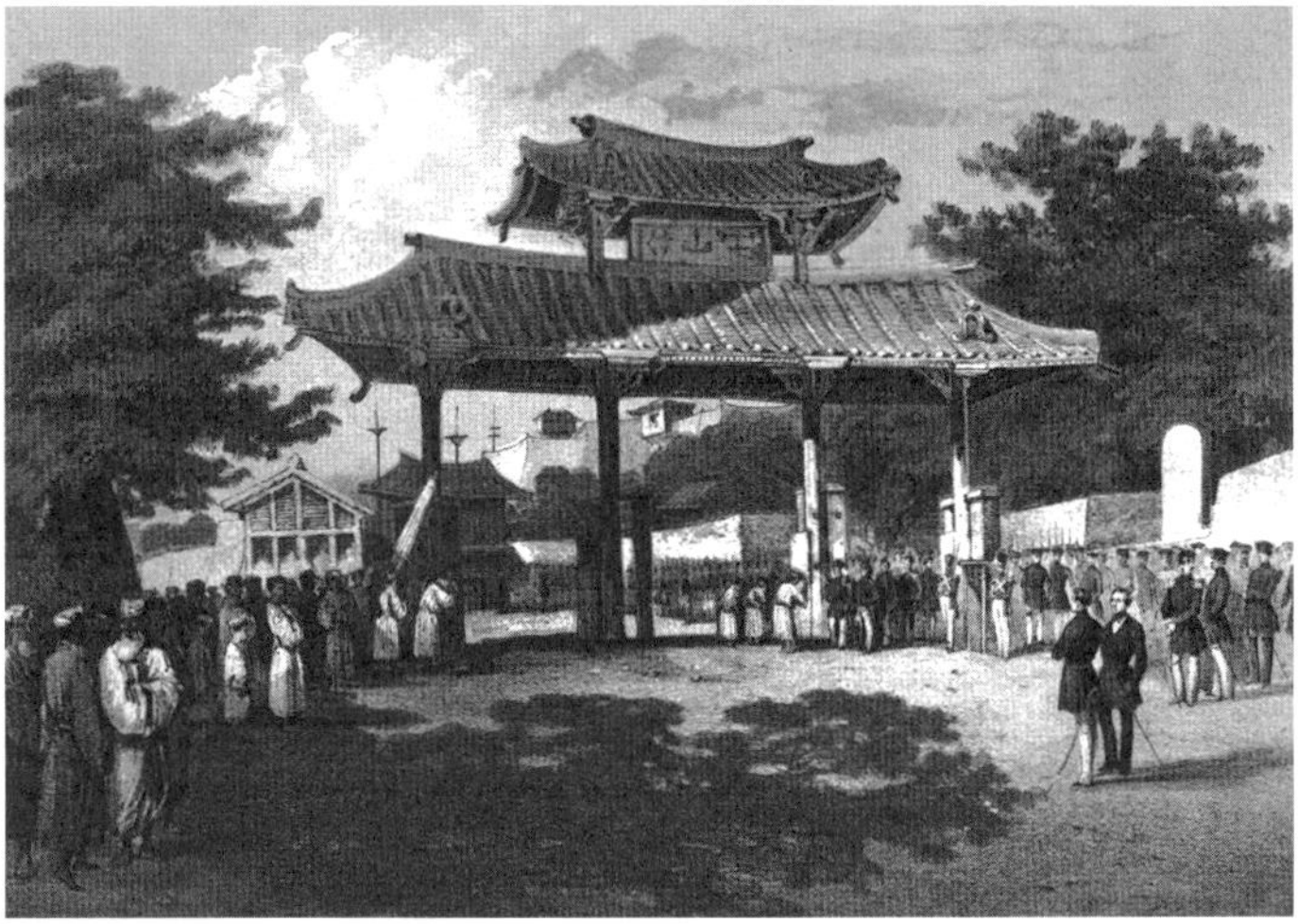

図 8-1　首里城を訪問するペリー一行

は計七十三門もあった。多くの警備艇が取り囲み、台場からは狼煙があがり、異国船侵入が報じられた。武士が乗船しようとすると、水兵が威嚇した。

六月九日、ペリーは久里浜に上陸し、大統領の国書を提出、十二日、浦賀を退去した。老中の阿部正弘は、溜間詰《たまりのまづめ》の譜代大名にこれを回覧し、海防掛にも意見を求めると、通商条約を結ぶべきではないという回答であったから、三浦半島の防備を強化しただけであった。情報も幕府内の奉行レベルにとめおかれ、浦賀奉行所の与力には伝えられなかった。ただ島津斉彬には口頭で伝えたらしく、翌年のアメリカ東インド艦隊の琉球渡航以降の動静も報告している。

幕府は九月十五日に島津斉彬、伊達宗城《むねなり》、鍋島直正らの要望を入れて大船建造を許可するが、これもペリー来航の衝撃によるもので、『武家諸法度』に

図 8-2　安政の江戸大地震で被災した大名屋敷

抵触する措置であった。西国大藩の軍事力増強を招く意味から、幕府体制の根幹に関わる対応であり、これを許可したのは、もはや譜代諸藩のみでの海防策では日本の防衛をすることは不可能になったことを知ったからである。

嘉永七年（一八五四）正月、ペリーは再び来航し圧力をかけた。三月三日に日米和親条約を締結。四月十日、阿部正弘は辞表を提出するが、将軍はこれに代わる人物がおらず、正弘一人の不行届ではないとして辞表を受理しなかった。正弘はやむなく折からの禁裏御所の炎上に対処し、諸寺の梵鐘を大砲に改鋳するための太政官符の発給を求めるなど、朝廷との関係を重視し、将軍と島津斉彬の養女篤姫との婚姻をすすめ、外様大名との結びつきの強化をはかり、幕政改革に邁進した。

安政二年（一八五五）の江戸大地震は多くの武家屋敷や町家を倒壊・焼失させ、薩摩藩屋敷も焼失した。

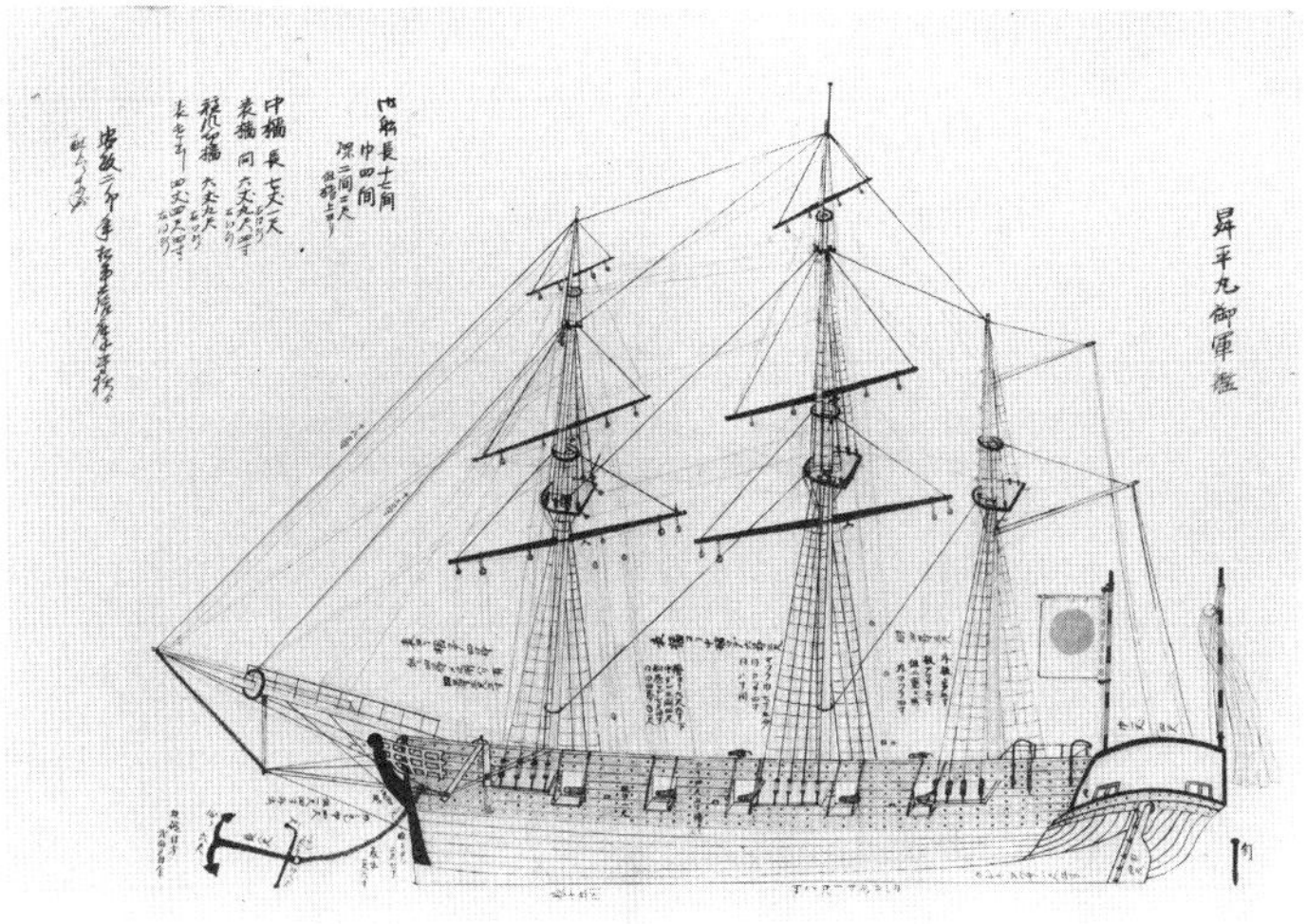

図 8-3　昇平丸

集成館事業と日米通商条約締結

斉彬は、大船建造が解禁になったことから、すぐ洋式船十二艘、蒸気船三艘の建造を発表し、琉球大砲船を洋式船に作りかえさせた洋式軍艦「昇平丸」を建造して幕府に献上した。

　昇平丸は後に蝦夷地開拓の際に咸臨丸とともに役立った。安政二年（一八五五）には「大元丸」などの洋式帆船が完成、蒸気機関の試作品も完成すると、これを「越通船《おつとせん》」に搭載して、日本最初の国産蒸気船「雲行丸」として結実させた。

　安政三年八月五日、アメリカ駐日総領事のタウンゼント・ハリスが下田に上陸し、翌四年十月二十一日、江戸城に登城した。将軍家定に謁見して大統領の親書を提出した。同二十六日には老中堀田正睦《まさよし》邸に臨み世界の大勢を語り、大英帝国の軍艦の圧力で条約を締結する以前に、米国と通商条約を結ぶ必要性を説いた。その結果、開港場は長崎・函館・神奈川・兵庫・新潟の五港、居留地を設定、江戸・大坂は開市場とすること、貿易の形態は自由貿易で、公使の江戸駐在を認めることで成案がなり、安政五年（一八五六）正月十日に妥結となった。

条約調印の勅許の必要性から堀田は正月二十一日に江戸を発ち、二月五日に入京した。勅許はすぐにおりると判断していたのだが、朝廷ではアメリカとの通商条約交渉に反発が起きていた。和親条約の時とは違い、交渉の成り行きが伝えられており、固唾を呑んで見守っていたところ、ハリスの演説により、米国の軍事力による圧力で譲歩を強いられたことを知っていた。

孝明天皇は、条約の可否を、異例にも正月十四日に左右内大臣・摂家・武家伝奏らに、正月二十五日には現任公卿に諮問、朝廷でも幕府と同様に衆議を聞くようになっていた。意見書は三十六通ほどあり、大納言中山忠能《ただやす》は「蛮夷之姦謀」を認めるのは「神州之恥辱」と否定し、正親町三条実愛《おおぎまちさんじょうさねなる》とともに反対の建議書を提出した。関白九条尚忠《ひさただ》は幕府の「御勘考」に任せるという穏便な回答案を作成した。堀田は勅許の獲得に失敗し、四月、井伊直弼が大老となり、六月十九日、日米修好通商条約が調印された。

将軍継嗣問題と井伊大老

同時に起きていた家定の将軍継嗣問題では、候補の一人が家斉の孫にあたる紀伊藩主の徳川慶福《よしとみ》で、推すのは譜代大名の井伊直弼や老中に復帰した松平忠固、大奥を取り仕切る家定の生母お美津の方である（南紀派）。もう一人の候補は、徳川斉昭の実子で、前将軍家慶の意向で一橋家を継いだ一橋慶喜。「英明」という噂があり、これを推すのは、家門筆頭の越前藩主松平慶永（春嶽）や薩摩藩主島津斉彬、土佐藩主山内《やまうち》容堂、宇和島藩主伊達宗城ら有力大名であった（一橋派）。

両派は朝廷を巻き込んで運動を展開、松平慶永・島津斉彬は慶喜を将軍に推す建白を老中に提出し、松平慶永は橋本左内を京に送り、三条実万《さねつむ》や鷹司政通を通じ慶喜を継嗣にする工作を行った。島津斉彬は父斉興の養女を妻とする近衛忠煕に親書を送って将軍継嗣に関する意見を述べた。近衛家との関係は、元禄十三年（一七〇〇）に綱貴が「近衛公御由緒」を幕府と近衛家に出し、関係の再確認を行ない、娘を近衛家久に嫁がせて以来のもので、斉彬は久長の長女貞姫を養女として近衛家に弘化二年（一八四五）に嫁がせていた。

図8-4　徳川慶喜

この時期、志士は武士だけでなく僧や絵師、百姓からも生まれ、その一人である僧の月照は大坂の町医師の子で、京都の清水寺成就院に入り、天保六年（一八三五）に住職になって一山の改革にあたったが成功せず、嘉永六年（一八五三）に出奔、翌年京に戻って薩摩藩士との交流を深めていた。清水寺は近衛家の祈願寺であった。安政五年（一八五八）に西郷隆盛らの唱えた諸藩が連合して井伊直弼を排斥し幕政を改革する運動に参画したことを探知されたため、西郷とともに京都を脱出、薩摩に逃れて錦江湾に入水した。

この時にともに入水して助けられた西郷は、島津斉彬に取り立てられた下級武士で、抜擢されて庭方役になり、江戸において斉彬の下で政治的手ほどきを受けた。西郷は橋本左内や藤田東湖らと交わり一橋派の擁立運動に奔走した。ところが「思い邪《よこしま》無し」を座右銘としていた斉彬の急死によって、殉死しようとするが、月照に慰められることがあった。

直弼は同五年〜六年、反対派を弾圧した。直接に処罰したのは六十九名で、死罪は戊午《ぼご》の密勅交付に関わった水戸藩士二名と越前藩士橋本左内、長州藩士吉田松陰、頼三樹三郎《らいみきさぶろう》ら八名となった（安政の大獄）。

桜田門外の変

斉彬の死により前々藩主斉興は若年の新藩主茂久（忠義）の後見役となった。斉興の抑圧のもとで、下級武士の堀仲左衛門、有馬新七、大久保利通、松方正義らは、斉彬の遺志を継いで、江戸の井伊直弼や京の九条尚忠らを水戸・長州・越前諸藩と連携して討つ計画を立てていたが、藩主久茂の実父久光から自重するよう求められ、脱藩を中止して出兵する道を選ぶ。それにもかかわらず脱藩の道を選んだのが有村次左衛門であり、水戸藩の脱藩組と結びついた。

水戸藩では安政五年戊午《ぼご》の密勅に関わった家老の安島帯刀《あじまたてわき》が切腹、右筆頭取の茅根《ちのね》伊予之介と京都留守居の鵜飼吉左衛門が死罪となるなか、十二月十五日、直弼は水戸藩主慶篤《よしあつ》に密勅の返納を催促した。勅諚《ちょくじょう》はすでに水戸に送られていたことから、これにより水戸城内で論争がまきおこった。藩庁と鎮派は幕府宛てに直納することを主張し、他の一派は朝廷への返納を説いたが、高橋多一郎、金子孫二郎、関鉄之助らの激派は返納そのものに強く反対した。

藩の重臣は十二月十五日に若年寄の安藤信正に返納猶予を出願したが、信正はとりあわず、翌年正月に老中になった信正は、十五日に登城した慶篤に重ねて勅の返納を催促し、二十五日までに返納しなければ違勅の罪で斉昭に嫌疑が及び、水戸家は滅亡すると迫った。これ以前、幕府宛てに勅諚を返納すべしとする御沙汰書を幕府は得ていたのである。

図 8-5　井伊直弼

斉昭は勅諚返納を決めたものの、激派は承知せず、二月十五日に斉昭に諭書を以って「君臣の取失、国策を犯し無作法の所業」であると宣告し、脱藩して浪士となり、江戸に出て薩摩藩士と幕政改革の方法について協議に入った。

金子孫二郎を責任者として大老を暗殺し、高橋多一郎が上京して薩摩藩士と京都で義兵をあげ、朝廷を擁して幕政に臨んで改革を断行するというものであった。しかし計画は察知され、水戸藩士捕縛の危機がせまった。そこで水戸藩脱藩浪士十七名と有村次左衛門は三月三日に愛宕《あたご》山に集まり、直弼が外桜田藩邸から江戸城に向かうのを待ちかまえて襲撃に及んだ（桜田門外の変）。

有村が直弼を殺害して自刃、斎藤監物が老中脇坂安宅邸に自訴して「斬奸趣意書」を提出し、暗殺の責任者金子孫二郎は暗殺の成功を見て上洛するが、途中の伊勢四日市で捕縛され、高橋多一郎は大坂に入ったが薩摩藩兵は東上せず、捕吏に追われ大坂四天王寺で自刃した。八月に直弼の仇敵にあたる徳川斉昭が急死した。

安政の大獄の判決文がいずれも「公儀を憚らず不届」という名目であったことが、大獄の在り方を示しており、公儀への批判はまかりならぬとし、政治の中心が朝廷に移り始めたのを取り戻そうと試みたのだが、その手段が厳罰であったことが、反発が直弼の身にふりかかり暗殺へと導いただけでなく、諸藩の志士の連携を生み、政治の中心は完全に京都に移ることになったのである。

薩英戦争

万延元年（安政七年三月改元、一八六〇）に島津久光が江戸を出発し、東海道を帰京する途上の、八月二十一日に武蔵橘樹《たちばな》郡生麦《なまむぎ》村（横浜市鶴見区）で、イギリスの民間人四名が久光一行の通行を妨害したとして、薩摩藩士奈良原喜左衛門・海江田信義らがイギリス人商人を斬殺する事件がおき、その賠償問題が生じた（生麦事件）。

イギリス公使代理ニールは幕府に賠償金の支払いを、薩摩藩には賠償金支払いと犯人の処刑を求めると、幕府は賠償金十万ポンドを支払ったが、薩摩藩は非はイギリス人側にあると拒否したため、ニールは、文久三年（一八六三）六月二十二日に薩摩藩と直接交渉するため、イギリス東インド艦隊司令長官キューパー海軍少将率いる七隻の艦隊とともに、横浜を出港。二十八日に鹿児島城下の前之浜約一キロ沖に投錨した。

艦隊を訪れた薩摩の使者に、イギリス側は生麦事件犯人の逮捕と処罰、遺族への「妻子養育料」二万五千ポンドを要求した。これに島津側は、責任なしとの返答書を提出した。イギリス艦隊は、七月一日、要求が受け入れられない場合は武力行使に出ると通告、このため島津茂久とその後見役島津久光は、英艦隊の艦砲の射程内にある鹿児島城から、本営を鹿児島近在の千眼寺に移した。城下正面に祇園洲《ぎおんのす》・弁天波止《はと》・新波止・大門口《だいもんぐち》砲台を、桜島側に袴腰・赤水《あかみず》・烏島砲台を築いて、口径百五十ポンド砲はじめ九十門余りの大砲を据え、オランダ海軍将校に鹿児島の防備は行き届いている、と言わしめた。前年に浜崎太平次はミニヘル銃購入のため、藩に二万両を献納していた。

七月二日、艦隊五隻は、薩摩の蒸気船の天佑丸、白鳳丸、青鷹丸三隻の舷側に接舷、兵が乱入して

図8-6　キューパー

船を奪取し、天佑丸の船奉行添役五代友厚《ともあつ》や青鷹丸の船長寺島宗則《むねのり》を捕虜とし、捕獲した三隻を桜島の小池沖まで曳航した。島津方は七か所の砲台に追討令を出し、薩摩本営に最も近い天保山砲台へ追討令の急使大久保利通が到着、旗艦ユーライアラスに向けて砲撃を開始、桜島側の袴腰砲台も眼下のイギリス艦を砲撃した。

　イギリス艦隊も旗艦ユーライアラスを先頭に台場に向けアームストロング砲で砲撃した。これに薩摩の砲台・台場から、大砲の発砲が数百発に及んで、弁天岬砲台のボンベン砲の弾丸が旗艦の甲板に落下、軍議室（艦橋）で破裂・爆発、艦長・司令や副長などの士官が戦死した。

　祇園洲砲台に接近して砲撃中のレースホースは、折からの強い波浪や機関故障により吹き流され、砲台手前で座礁して大きく傾き、三隻がその救出・援護のため僚艦の離礁を試みると、これに新波止砲台から砲撃を加えて命中弾を浴びせた。砲撃戦に不参戦のハボックが単独で

図 8-7　鹿児島を砲撃する英国艦隊

図 8-8　薩摩藩の生麦事件英国人殺害賠償金支払い

移動し、琉球船三隻と日向国那珂郡の赤江船二隻を襲って焼却し、僚艦パーシュースも加わり、砲撃やロケット弾を用い藩営集成館の一帯を攻撃して破壊した。上町方面の城下ではパーシュースのロケット弾などによる艦砲射撃での火災により、民家、侍屋敷、寺社など多くが焼失した。

七月三日、英国側は前日の戦闘で戦死した旗艦艦長や副長などを錦江湾で水葬に付し、艦隊は戦列を立て直し、市街地と両岸の台場を砲撃して市街地を延焼させ、四日、薩摩を撤退、九日、横浜に帰着した。

イギリス艦隊の損害は、大破一隻・中破二隻の他、死傷者は六十三人に及んだ。薩摩側の人的損害は祇園洲砲台で税所篤風が戦死、部隊長の川上龍衛や守備兵六名が負傷し、市街地では守衛兵が四人死亡した。物的損害は台場の大砲八門、火薬庫、鹿児島城内の櫓の損壊、集成館、鋳銭局、寺社、民家三百五十余戸、藩士屋敷百六十余戸で、藩汽船三隻の焼失と軍事的施設以外への被害が甚大で、艦砲射撃による火災の焼失規模は城下市街地の十分の一に及んだ。

朝廷は島津家の攘夷実行を称えて褒賞を下し、欧米では世界最強を謳われたイギリス海軍が勝利をあきらめて横浜に退却した結果に驚いた。ニューヨーク・タイムズ紙は「この戦争によって西洋人が学ぶべきことは、日本を侮るべきではないということだ。彼らは勇敢であり、西欧式の武器や戦術にも予想外に長けていて、降伏させるのは難しい。英国は増援を送ったにもかかわらず、日本軍の勇猛さをくじくことはできなかった」と評した。

和平交渉は側用人岩下方平と大久保利通・重野安繹《しげのやすつぐ》らが横浜でニールと会って行なわれ、賠償金の支払いと犯人の捜査、処罰を約束して和解し、これによりイギリスの立場は薩摩寄りとなった。

九　京都をめぐる動向

八月十八日の政変

文久三年（一八六三）滞京中の将軍家茂への攘夷決行期日についての勅問があり、四月二十日、幕府は五月十日を奉答し、二十三日、諸藩に対してもこの日次を布達した。こうした京都での攘夷決行の動きに対し、老中格の小笠原長行《ながみち》は五月九日にイギリスに生麦事件の賠償金を支払うと、率兵上京して攘夷派勢力を一掃し、京都に留まらされている将軍を奪還する計画をたてた。

五月二十五日に元外国奉行の水野忠徳《ただのり》らを伴い、イギリスからの借入船を含む五隻の艦隊に歩兵部隊を乗せ大坂に向かう。だが、大坂港に上陸し山城国に入ったところ、自重を求める将軍家茂の親書を受けたことで計画を断念、家茂はその軍艦に乗って六月に江戸に帰ることになる。

朝廷では、攘夷親征案について、七月五日に近衛忠煕《ただひろ》・忠房父子、右大臣二条斉敬《なりゆき》、内大臣徳大寺公純《きんいと》らが、諸大名を召集して衆議の上で決定すべきことを具申した。

下関戦争や薩英戦争、江戸からの情報などを総合すれば、攘夷の実行は「皇国」を滅ぼすことにもなるかもしれない、と悩む天皇に、側近の中川宮（朝彦親王）から攘夷派公家の中心である三条実美らを排除し、公武合体派の薩摩藩や京都守護職の松平容保《かたもり》などが御所を守るとする提案があった。

八月十六日、中川宮が参内して天皇に計画の概要を伝えると、「兵力をもって国の災いを除くべし」との政変決断の宸翰《しんかん》が宮に与えられた。十七日に計画を聞かされた右大臣二条斉敬、内大臣徳大寺公純、近衛忠熙も同意、その深夜、中川宮・二条・徳大寺・近衛父子と松平容保・稲葉正邦《まさくに》（京都所司代、淀藩主）が参内して最終の相談がなされた。

八月十八日、会津・淀・薩摩の藩兵が禁裏の六門を封鎖、在京の諸藩主が参内すると、諸藩兵が御所の九門を固め、大和行幸の延期、三条実美ら急進派公家十五人の禁足と面会禁止、国事参政・国事寄人の廃止を決議した。この決起を知った実美ら尊攘激派公家や長州藩兵が堺町門東隣の鷹司邸に続々と集まり、長州勢が堺町門内側に繰り出し、堺町門西隣の九条邸前に陣取る会津・薩摩両藩の兵と睨み合いになる。

中川宮・松平容保・稲葉正邦・上杉斉憲《なりのり》（米沢藩主）・池田茂政《もちまさ》（備前藩主）らによる事態収拾の会議が開かれ、長州勢には堺町門の警備担当を解いて京都から退去するよう勧告、長州勢は妙法院に退去した。十九日、急進派公家の三条実美と三条西季知《すえとも》・四条隆謌《たかうた》・東久世通禧《みちよし》・壬生基修《もとのぶ》・錦小路頼《より》徳《のり》・沢宣嘉《のぶよし》七人が長州へと下った（七卿落ち）。

参予会議と一会桑政権

政変前日の文久三年（一八六三）八月十七日、土佐芳生野《よしうの》村（高知県高岡郡津野町）の庄屋吉村寅太郎や備前藩浪士の藤本鉄石《てっせき》らは、攘夷親征の詔に沿い、大和五条で国事寄人の中山忠光《ただみつ》を擁して決起したが、情勢は一変していて九月末に壊滅した（天誅《てんちゅう》組の変）。十月十二日には筑前藩士平野国臣《くにおみ》らが、国事御用書記の沢宣嘉を擁して但馬の生野《いくの》代官所を襲ったが、諸藩兵に包囲され沢らは逃亡、河上弥市らは集めた農兵に殺害された（生野の変）。

京都守護職の松平容保は京都警衛のため新選組に十九日から市中を巡邏させ、京都町奉行に対し止宿人調査を厳しく行わせた。この新選組は、文久三年の将軍上洛に先立って上洛、壬生《みぶ》の新徳寺に駐屯した浪士組のうち、江戸に帰されたグループと分かれて京都守護職支配下に入ったグループで、その局長の芹沢鴨は水戸藩脱藩の浪士で、粗暴な行動により暗殺された。

その跡をついだ近藤勇は、武州多摩郡上石原村（東京都調布市）の百姓の子で、江戸小石川の天然理心流の試衛館で近藤周助に剣術を学んで道場を継承した剣士。副局長の土方歳三《ひじかた》も多摩郡石田村（東京都日野市）の百姓の子で、近藤勇に親炙した子分的存在、一番隊隊長の沖田総司は陸奥白河藩士で、試衛館の塾頭であって、皆、剣士であった。

十月、天皇からの召命を受けた諸侯が、攘夷派諸侯と代わって入京してきた。十月三日、島津久光が藩兵千七百を率いて入京し、朝廷の旧弊打破、確固たる方針・体制の確立を中川宮朝彦親王に申し入れた。幕政改革・朝廷改革を断行して、公武合体による新たな政治体制の構築を意図してのものであり、天皇は久光に宸翰を下し、戦争を避け、真に国家のためになる攘夷を迅速に行う方策を立て、将軍に大政を委任しての公武協調の政治を望んでいることなどを伝えた。

これに対し、久光は、武備の劣る現状では、開港・鎖港の選択権は日本側に無いので、今は武備充実に努め、性急な攘夷をせず、大政委任が妥当で、王政復古は現実的ではないが、幕府が朝廷を軽んじるときはその罪を正す、と答えたという。

十月に松平春嶽、十一月に伊達宗城、一橋慶喜、十二月に山内容堂が入京し、その三十日、この四名と松平容保が参予に任じられた。無位無官の久光も翌文久四正月に従四位下左少将に叙任され、参予となった。正月二十一日、参内した将軍家茂に、参予諸侯と協力することを求める勅書が下され、ここに公武合体の下で、有志大名が国政に参画し新たな公議政体の確立を目指した参予会議が発足した。

図 9-1　島津久光

だが、横浜鎖港問題をめぐり、開港論に立ちつつ新体制を主導したい島津久光らと、鎖港論を掲げて朝廷や攘夷委任派諸侯と協調して大政委任を再確立したい一橋慶喜の対立から参予会議はわずか二か月で瓦解した。そこで慶喜は三月に将軍後見職を辞し、京都の軍事指揮権を握る禁裏御守衛総督に任命され、関白二条斉敬、朝彦親王と提携して朝廷を掌握し、京都守護職の松平容保（会津藩主）、その弟で京都所司代の松平定敬《さだあき》（桑名藩主）とともに一会桑《いちかいそう》政権を形成した。

これにともなって市中の警衛が諸大名分担体制から一橋家・幕府歩兵・京都守護職・新選組・京都所司代による警備分担へと代わり、四月二十日に朝廷は幕府への大政委任、政令一途、横浜鎖港の勅諚を将軍に与えた。

禁門の変と薩摩藩開成所・集成館

水戸藩では、文久三年（一八六三）に将軍後見職の慶喜が上洛することにともない、求められて執政の武田耕雲斎や藤田小四郎などが従った。小四郎は京都で長州藩の桂小五郎（木戸孝允）、久坂玄《げん》瑞《ずい》らと交流し尊皇攘夷の志を堅固にして、五月に江戸に戻って長州藩と連携した挙兵計画を構想、遊説や金策に奔走し、武州榛沢《はんざわ》郡血洗島村《ちあらいじま》（埼玉県深谷市）の豪農の渋沢栄一とも江戸で会見した。

文久四年（二月、元治と改元）に上洛した慶喜が禁裏御守衛総督になり、武田耕雲斎を通じて水戸藩士を上京させて配下に組みこんだ頃、天狗党が挙兵した。藤田小四郎は幕府に即時鎖港を要求し、関東各地を遊説して軍用金を集め、三月二十七日、筑波山に集結し、浪士・百姓らからなる千四百人の大集団となった。

朝廷から長州藩への対応を委任された禁裏御守衛総督の慶喜は、長州藩兵に撤退を命じるが、藩兵はこれに応じず、七月十九日、進軍を開始して禁門に迫り、会津・桑名・越前・薩摩諸藩の兵と交戦、御所に向け発砲したあげく敗走した（禁門の変）。

この結果、久坂玄瑞は自刃、尊攘運動の指導者の多くが敗死、平野国臣ら獄中の「志士」が殺害され、京都市中の二万八千軒が焼失した。七月二十三日、朝廷は長州藩主父子の征討を一橋慶喜に命じた。二十七日に有栖川宮熾仁《たるひと》親王ら十四名の廷臣を処分、八月に長州藩主父子の官位を剝奪した。幕府は将軍の進発を予告、前尾張藩主徳川慶勝を征長総督に、越前藩主松平茂昭《もちあき》を副将に任じ、三十五藩に出陣を命じた。

薩摩藩は薩摩英戦争の経験から、元治元年（一八六四）に西欧の軍事・技術を取り入れるために開成所を設立、俊才六、七十人を選抜し、蘭学者石河確太郎《かくたろう》や八木称平《しょうへい》が教鞭をとった。後に英学者前島密、中浜万次郎・芳川顕正《あきまさ》らを教授として招き、英語・蘭語・陸海軍砲術・兵法・天文・地理・航海術・数学・物理・医学等を教えさせた。翌慶応元年（一八六五）には西欧の文化・技術に直接触れるため、家老になる新納久修《にいろひさなが》や、郷士出身の寺島宗則、儒者の子の五代友厚らの使節団と開成所の学生を中核とした藩費留学生十五人を、通訳堀孝之とともに、長崎の商人グラバーの斡旋でイギリスに派遣した。

海外渡航が禁止されていたため、離島への出張を名目に船出、イギリスでは変名を用いた。留学生には、初代博物局長になる町田久成、森有礼《ありのり》、畠山義成（開成学校初代校長）、村橋直衛《なおえ》（北海道開拓使ビール）らで、第二次留学生には仁礼景範《にれかげのり》、岩原重俊ら五人がいた。使節団はベルギー・ドイツ・フランスを歴訪、ベルギーでフランスの貴族モンブラン伯爵と、薩摩の物産の販売と軍艦・武器弾薬・機械類の購入を目ざし、ベルギー商社設立交渉を進めて、仮契約をした。モンブランから一八六七年（慶応三）パリで開催される万国博覧会への参加をすすめられると、この博覧会に幕府・佐賀藩とともに薩摩藩も日本薩摩太守政府の名で、砂糖や泡盛などの薩摩・琉球の産物を出品した。

薩摩藩は人材の育成とともに軍事関係設備・装備面での近代化をはかり、イギリスからエンフィールド銃やスナイドル銃を大量に輸入し、兵制をイギリス式に改め、さらにフランス式の四斤砲や一二斤臼砲を装備する砲隊も編成、七連発のアメリカ製スペンサー銃を装備する部隊も編成した。海軍力・海運力の強化を図り、春日丸一〇一五トンなど十三隻の外国船を購入し、汽船保有数は諸藩中第一位であった。

これら最新装備を支えたのが前述した集成館の工場群であり、元治元年十月、石造洋風建築の尚古集成館の機械工場の建設開始から薩英戦争で焼失した工場群の復興が本格化する。周囲には鑽開機工場、鋳物工場・鍛冶場・木工場・製薬所・アルコール工場等が建てられた。ここではオランダ・イギリス製の蒸気機関や工作機械を使って、大砲や弾薬の製造、蒸気機関や艦船修理をおこなった。

慶応三年（一八六七）、近代的紡績技術を導入しようとして、マンチェスターから紡績機械を購入し、石造の鹿児島紡績所を建設した。この機械導入に当たってイギリス人技師四名を招聘した。その住宅とされたのが現存する旧鹿児島紡績所技師館（異人館）で、設計したのはシリングフォードであった。

四国連合艦隊と長州藩

長州藩は禁門の変により朝敵とされたが、その少し前、四国連合艦隊に攻められた。長州藩が攘夷の姿勢を崩さず下関海峡が通航不能となっていたので、駐日英公使オールコックは、下関海峡封鎖によって長崎での貿易が麻痺し、長州藩による攘夷の継続により幕府の開国政策が後退する恐れがあると見て、これの懲罰攻撃をフランス、オランダ、アメリカに打診して同意を得るや、元治元年（一八六四）四月に四国連合軍の武力行使を決定した。

元治元年六月十九日、四国連合艦隊は、幕府に二十日以内に海峡封鎖を解かれなければ、武力行使を実行する旨を通達し、七月にイギリスのキューパー中将を総司令官とする四国連合艦隊が横浜を出港した。英艦が九隻、仏艦が三隻、蘭艦が四隻、米艦が一隻で、総員は約五千。下関を守る長州藩の兵力は、奇兵隊二千人弱、砲百門強と弱体であった。

図 9-2　異人館

八月五日、四国連合艦隊は長府城山から前田・壇ノ浦にかけての長州砲台群に猛砲撃を浴びせ、前田砲台・洲崎砲台・壇ノ浦砲台などを次々に粉砕、艦隊は前田浜に陸戦隊を降ろして砲台を占拠した。八月六日、壇ノ浦砲台を守備していた奇兵隊軍監の山縣有朋が、敵艦を砲撃して一時、混乱に陥れたが、艦隊は砲台を占拠して破壊、一部は下関市街を目指し進軍して長州藩兵と交戦した。

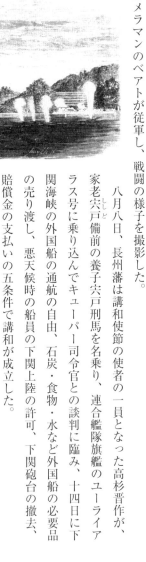

七日、艦隊は彦島の砲台群を集中攻撃し大砲を鹵獲《ろかく》した。翌日までに下関の長州藩の砲台をことごとく破壊、陸戦でも長州藩兵の旧式銃や槍弓矢は、新式のライフル銃の敵ではなく、敗退した。長州藩の死者は十八人、負傷者二十九人、連合軍は死者十二人、負傷者五十人であった。イギリス軍にはカメラマンのベアトが従軍し、戦闘の様子を撮影した。

八月八日、長州藩は講和使節の使者の一員となった高杉晋作が、家老宍戸《しど》備前の養子宍戸刑馬を名乗り、連合艦隊旗艦のユーライアラス号に乗り込んでキューパー司令官との談判に臨み、十四日に下関海峡の外国船の通航の自由、石炭・食物・水など外国船の必要品の売り渡し、悪天候時の船員の下関上陸の許可、下関砲台の撤去、賠償金の支払いの五条件で講和が成立した。

この戦争に備え、周布政之助《すふまさのすけ》や高杉は民衆を戦争に組織してきた。「殿様御国難」の際には村々老若男女が氏神に祈るよう命じ、農兵

図 9-3　長州側砲台の砲撃開始

図 9-4　砲台を占拠した英国軍

を組織して献金を募り、「お家来中士民に至るまで」「防長両国を枕に討ち死に致す」よう求めた。戦争の結果は幕府にも影響を与え、幕府は横浜鎖港の方針の撤回を決定し、八月二十三日に外国奉行外国公使に通達した。オールコックは、九月に鎖港方針の根元はミカドにあり、ミカドが思い違いを改めなければ全面戦争を引き出すことになる、と将軍に伝えた。

長州征討と西郷隆盛

元治元年（一八六四）長州藩は四国連合艦隊の次に、幕府の征討軍を迎えた。進発が予告されていた将軍の上洛はなく、征長総督徳川慶勝《よしかつ》が十月十二日に参内、出陣の挨拶を行い、十月二十二日に大坂城で軍議を開いた。広島の国泰寺に総督府、豊前の小倉城に副総督府を置き、翌月十一日までに攻め口に着陣、十八日に総勢三十五万で攻撃を開始することとした。

薩摩藩は征長軍に参加して萩口の先鋒を任されると、独自に動いて、福岡藩士の喜多岡勇平《ゆうへい》、薩摩藩士の高崎正風《まさかぜ》が九月末に岩国新湊に入って、岩国藩の吉川経幹《きつかわつねもと》（監物《けんもつ》）と交渉した。高崎から、薩摩藩は長州藩のために尽力する故、長州藩は暴徒を処罰し、黒白を明らかにするのが肝要であり、三条実美ら五卿を追放するよう求め、今後の交渉を大島吉之助《きちのすけ》（西郷隆盛）が担当すると伝えた。

西郷はこの年二月、配流された沖永良部《おきのえらぶ》島から帰り、三月に上京して島津久光から軍賦役兼諸藩応接掛に任じられていた。京都の薩摩藩邸には家老小松帯刀《たてわき》、軍役奉行伊地知正治《いじちまさはる》、小納戸頭取吉井

図9-5　勝　海舟

図9-6　西郷隆盛

友実《ともざね》らがいたが、隆盛が実質的に薩摩藩の軍事力を掌握していた。

西郷は早くから他藩の藩主や同志の改革派と結ぶ合従連衡の考えを抱き、奄美大島に流されていた時、大久保利通に送っていた他藩同志一覧表には、越前の橋本左内のような開国派や、水戸の武田耕雲斎のような攘夷論者、さらに諸藩の家老の名をも記されていた。文久二年（一八六二）二月に久光と直接に会談した時、久光の「挙藩勤王」の考えに、西郷は「いずれ大藩の諸侯方御同論御成りなされ、合従連衡してその勢いを以て成され申さず候ては相済むまじく」と、合従連衡を訴えるが、受け入れられず、沖永良部島に流された。しかしその後の情勢変化から、西郷の合従連衡の考えが下級武士に広く受け入れられ、「勤王党の激昂に迫られた」久光に召喚され、上洛したのである。

西郷は九月に大坂に来ていた軍艦奉行の勝海舟に会った時、今は国内で争う時ではなく、幕府はもはや天下を統一する力はないから、雄藩の尽力で国政を動かし、共和政治を行うべきである、と勝海舟から聞かされ、「実に驚き入り候人物」と驚嘆していた。

征長総督徳川慶勝は西郷隆盛らを参謀としたが、西郷が総督慶勝に長州藩降伏の策を述べると、慶勝に認められて征長軍全権を委任された。西郷は開戦には至らずに征長出兵を収束させようと考えており、十一月四日、税所篤《さいしょあつし》や吉井友実を伴って岩国に入った。吉川経幹と会談、禁門の変で上京した三家老の切腹、四参謀の斬首、五卿の追放を降伏の条件とした。その会談後、家老切腹、参謀斬首が実行され、十六日、広島国泰寺で三家老の首実検が行われた。十二月に長州藩から総督府へ藩主父子の謝罪文書が提出され、五卿は長州藩内の紛争が解決し次第、筑前へ移転するものとされた。

禁門の変をうけ、長州藩内の情勢は変化していた。破約攘夷論の麻田公輔（周布政之助）党と保守派の椋梨藤太《むくなしとうた》党との対立から椋梨党が優勢になって、桂小五郎は行方知れずとなり、周布は自害し、高杉は逃亡して姿をくらまし、公家の中山忠光は襲われ殺害されていた。

総督府は領内巡見を行い、十二月二十七日に征長総督は諸藩に退陣を命じて、第一次長州征討は終了した。一連の経過を主導した西郷は、長州藩の勢力を完全に削いでしまっては、幕府に利するだけであるとして、長州藩を味方につけ、幕府の対抗勢力として温存しようと考えていたのである。

長州処分と条約勅許

第一次長州征討は終わったが、長州藩の情勢は混沌としていた。元治元年（一八六四）十一月二十五日、九州から下関に帰った高杉晋作は長府で即時挙兵を説き、高杉と力士隊（総督伊藤博文）

や遊撃隊（総督河瀬真孝《まさたか》）が五卿に面会して下関に入ってから、情勢は一転した。

高杉らが元治二年正月二日に下関で兵を起こし、藩庁に敵対する意志を表明すると、奇兵隊を始め多くの諸隊が合流した。藩庁は鎮圧軍を派遣、秋吉台の台地近辺で交戦したが、高杉と諸隊は瀬戸内一帯を勢力下に収め、拠点を山口に置いて萩の藩庁軍と対峙した。十六日、毛利将監《しょうげん》以下の諸士が萩城に登城し、藩主毛利敬親《たかちか》に拝謁して、諸隊を武力で征討することは不可能と上申した。

内戦の終結をはかった「鎮静会議員」らの運動もあり、二十三日に諸隊討伐軍に撤退命令が出されて休戦協定が結ばれた。二月十四日、椋梨藤太は逃亡して椋梨党が追放され、政庁は山口に移された。但馬に潜伏していた桂小五郎が帰藩、高杉・広沢真臣《さねおみ》らを加えた藩政の新指導部が形成され、大村益《ます》次郎《じろう》が軍政を、伊藤博文と井上馨が対外折衝を担当した。藩政府の方針は武備恭順とし、征長軍に対応するところとなった。

図9-7　毛利敬親

長州処分は幕府にとって重い課題で、元治二年（慶応元）正月五日、藩主父子及び五卿を江戸に拘引するよう征長総督の慶勝に命じたが命令の実行は解兵した今となっては不可能として慶勝は従わず、参内し長州征討の終了を復命した。上洛し

図 9-8　大久保利通

た老中は幕府による専決処分を求めたが、朝廷からは逆に将軍上洛の命を受けた。

五月十六日に将軍徳川家茂は江戸城を出立し、閏五月二十二日に参内すると、「防長の所置、衆議を遂げ、言上の事」「一会桑等へもすべて談じ候様の事」と、諸藩と協議することや、京都を掌握していた一会桑とは特に協議することを命じられた。長州藩は、「敵兵四境に迫り御国内に踏み込み候節は、二念なく決戦あるべき事」と、決戦を布告、総督府から長州支藩徳山藩主、毛利家氏族吉川監物の大坂出頭、長府藩主や清末藩主の出頭が命じられるが、病を理由に拒否した。

九月十六日、家茂が長州再征の勅許を求めると、薩摩藩が反対し、大久保利通が小松帯刀とともに動いて諸侯会議の開催を図り、中川宮や近衛忠房、正親町三条実愛《おおぎまちさんじょうさねなる》、関白二条斉敬らに勅許反対の意見を示した。朝廷会議が九月二十一日に開催され、一会桑三者と在京の老中も参内した。慶喜が即時の勅許を求めると、朝廷会議は近衛忠房らの反対を抑えて許可を認め、翌日に将軍が長州征討を奏上し、幕府は長州征討を朝廷の命令で行うことになった。

九月二十三日、英仏米蘭四国の外交団が艦隊に搭乗して、条約勅許と兵庫開港を要求し大坂湾に来航し、圧力をかけてきたため、家茂は大坂に赴いた。老中阿部正外《まさと》らは英艦で英米蘭と、仏艦でフランス公使と会談した後、会議を開いて幕府の専権で兵庫・大坂の開港開市を決断する。これを聞いて慶喜が大坂に赴くと、家茂が朝廷の許可を得られなければ辞職をするというので、勅許を得ずに開市開港をすれば朝廷や諸藩は収まらない、勅許を得るべきであると、回答延期をパークスに伝え、十日間の猶予を認められた。

慶喜は将軍家茂に謁見し、速やかに上洛して条約勅許を申請すべきである、と伝えて帰京した。しかし将軍は上洛せず、幕閣による独断の動きから、九月二十九日に国事朝議が開かれ、老中の官位剝奪・謹慎、大老酒井忠績《ただしげ》・老中水野忠精《ただきよ》の領地半減が定められた。これを大坂に送ると、幕閣は家茂に将軍職の辞職、江戸への帰還を進言、十月三日に朝廷は上表を受領したが、沙汰には及び難いとした。

家茂は辞職の意思を抑えて上洛し、慶喜は条約勅許工作へと動いた。薩摩藩は諸侯会議を開いて決めるよう画策するが、慶喜は十月五日に在京諸藩の留守居や周旋方などから意見を聴取した上で、その輿論を背景に天皇に迫ることにした。十五藩三十名の意見が公家方・武家方の居並ぶなかで出され、ここに至って天皇は「条約の儀、御許容あらせられ候間、至当の処置致すべく候事」を、将軍に示し、兵庫開港は不可としつつも、条約勅許を容認するに至った。家茂は辞表を撤回し、外国艦隊は兵庫沖から撤退した。

図9-9　岩倉具視

薩長連合

条約勅許により長州藩は進退に窮した。このままでは長州藩の復権は不可能になる。軍備の強化を図るには、洋式の兵器輸入が必要となるが、条約破棄を主張、朝敵となった現況では公然と輸入できない。朝廷に考えを伝える代弁者が必要だが、そうなりうるのは諸藩のうちでは、何かと争ってきた薩摩藩のほかにはない。薩摩藩は第一次長州征討で重要な役割を果たし、朝廷への影響力があった。

そこで動いたのが長州・薩摩間を仲介する存在、土佐藩の脱藩浪人である中岡慎太郎と坂本龍馬である。中岡は土佐勤王党に参加して坂本と知り合い、脱藩して長州に入り三条実美を護衛、禁門の変に参加して長州に逃れ、脱藩浪士で構成される忠勇隊の隊長となるなど、長州藩の内情に詳しかった。各地を遊歴するなか、慶応元年（一八六五）冬に、土佐の同志に「時勢論」を送り「自今以後、天下を興さん者は、必ず薩長両藩なるべし」と記している。

坂本はペリー来航時に江戸の千葉道場で剣を学び、帰国して土佐勤王党の結成に関わり、脱藩して勝海舟の門に入った後、幕臣の大久保忠寛《ただひろ》（一翁）、大名の松平春嶽、薩摩藩の西郷隆盛、長州藩の桂小五郎、公家の岩倉具視ら多くの有志と交流を重ねた。多岐にわたる交流にもかかわらず、いずれにも属さず、卓越した交渉能力と構想力を磨き、長崎では浪士集団「亀山社中」を結成していた。
薩摩藩にとっても、攘夷を長州藩が主張していては支援できないところだが、大久保利通が慶長元年八月にイギリス留学中の薩摩藩士にあてた書状に、長州藩が攘夷から「大いに国を開くことを唱え候人心に相成り候」と記しており、開国派に転じる動きをつかんでいた。長州藩には、薩摩がどこまで便宜をはかってくれるかが問題であったが、坂本・中岡二人の提案を受け、長州藩の兵器購入に薩摩藩が便宜を図ることになった。

井上馨と伊藤博文が長崎に出張し、亀山社中の斡旋で兵器を購入、八月末に洋式銃七千挺が薩摩藩船胡蝶丸で周防の三田尻に運ばれた。すると九月八日、長州藩の毛利敬親・広封《ひろかね》藩主父子が、薩摩藩の島津久光・茂久藩主父子に親書を送って、過去の確執を反省するとともに、薩摩藩の行動を称賛し、自藩の窮状を告げて助力を乞うた。

図9-10　坂本龍馬

幕府の長州処分案が老中と一会桑との間で容易に決まらないなか、薩摩藩の在京指導部の小松・西郷・大久保らは長州側との会談を計画、使者の派遣を要請すると、木戸孝允が慶長二年正月八日に薩摩藩邸に入った。

長州処分案をめぐる対立点はあったが、二十一日、坂本が小松邸に入って両者を説得して薩長連合の締結となった。全体は六条からなる。

まず「戦いと相成り候時は、直様二千余の兵を急速差登し只今在京の兵と合し、浪華へも千程は差置き、京坂両処を相固め候事」と、薩長の役割分担を定め、次に「戦自然も我勝利と相成り候気鋒これ有り候とき、其の節朝廷へ申上げ屹度《きっと》尽力の次第これ有り候」と、勝利の際には薩摩藩が朝廷に長州藩の復権を求め、敗色が濃くとも、「万一負色にこれ有り候とも、一年や半年に決て潰滅《かいめつ》致し候と申す事は、これ無き事に付、其の間には必ず尽力の次第、屹度これ有り候」と、長州藩は徹底抗戦するというものである。

さらに幕府兵が関東に帰ったならば、朝廷に冤罪御免を訴え、「橋会桑」政権を敵と定め、「終に決戦に及び候」と決戦に臨むこと、最後に「冤罪も御免の上は双方誠心を以て相合し皇国の御為に（中略）皇威相暉き御回復に立至り候を目途に、誠心を尽し屹度尽力仕まつるべし」と、復権がなったならば、両藩協力して将来に臨むこととした。

締結内容は、木戸が坂本に宛てた書状から知られるだけだが、なまじ正式の条文による締結よりも心理的な拘束力があり、ここに薩長連合はなった。問題はこれから始まる第二次長州征討にいかほど薩摩藩が長州藩に協力できるかにあった。この直後の正月二十三日、坂本龍馬は伏見京極の船宿寺田屋で奉行所の捕手に襲われ危うく命を落とすところであった。

パークスと第二次長州征討

慶応元年（一八六五）薩摩藩がイギリスに派遣した使節の随員寺島宗則は、文久元年（一八六一）の幕府遣欧使節に随行していた経験があり、イギリスの下院議員オリファントや外相クラレンドンに面会して日本の国情を語り、外交主体を天皇と列侯会議に移すよう助力して欲しい、と要請していた。オールコックに代わって上海領事から駐日公使となったパークスは、長崎を経て、下関で木戸孝允・井上馨・伊藤博文らと会見し、閏五月に横浜に着任すると、条約勅許・兵庫開港に向けて動いた。さらに薩長問題にも関わり、慶応二年三月、グラバーの仲介で鹿児島の親善訪問をすることになった。四月、五月頃、英国政府からはパークスに、内政干渉にならないかぎりで、日本の体制の変化を助けるようにという訓令が、寺島提案の写しとともに届く。五月に帰国した寺島は「皇国の通典」を議定するために、閣老と諸侯からなる会院を設け、「全国にわたる大事の典式を定むる総政府」を形成することを藩庁に提言した。

図 9-11　パークス

慶応元年寺島とともに渡英した五代友厚は、文久二年に長崎に居を構え、上海に二度も渡って、薩摩藩のために汽船や武器を購入していた。イギリスに渡っても紡績機械や武器を購入、フランスでは貿易商社設立の契約を行って、

図9-12　ロッシュ

富国強兵に関する十八条の建言書を藩主に送り、帰国後、御用人席外国掛になり、紡績所の建設を行った。

パークスが鹿児島を訪問したのは慶応二年六月十六日のことで、久光・藩主茂久父子、西郷や寺島らと会談して、イギリスと薩摩は親交を深めた。一方、元治元年（一八六四）三月に初代公使ベルクールに代わって横浜に着任したフランス公使のロッシュは、幕府と結ぶようになった。日本語をよくする宣教師カションを通訳官に採用し、幕府を積極的に援助した。

パークスやロッシュの外交活動は幕府の長州征討と絡んでいた。慶応元年十一月、長州への進撃路が芸州口・石州口・上関口・下関口・萩口の五方面に定められ、同月長州を問責するため大目付の永井尚志《なおむね》が広島に派遣され、永井は藩主謹慎の不履行、武器購入など四か条を糾問したが、長州側は再征を非難するとともに抗戦準備を怠らず、藩の立場を『長防臣民合議書』に記して三十万部を出版、藩内外に配布した。

四月十四日、大久保利通は薩摩の出兵を拒否する旨の建白書を在坂の征長総督府に提出した。従軍を命じられた三十二藩のうち、総督徳川茂承《もちつぐ》の紀伊藩、彦根の井伊、越後高田の榊原、豊前小倉の小笠原、石見浜田の松平など三家や譜代親藩などを除き、安芸藩の浅野家、肥後藩の細川家などの中国・九州筋の大名家は出兵に消極的であった。

幕府の長州再征軍は、慶応二年五月二十八日、先鋒の副総督宮津藩主本荘宗秀が広島に到着し、六月二日に老中小笠原長行《ながみち》が九州方面の監軍として小倉に向かい、六月三日、総督徳川茂承が広島へ向かった。

七月二日、長州勢は豊前大里《だいり》（福岡県北九州市門司区）に上陸して戦闘の主導権を奪ったものの、その後は戦闘と撤退を繰り返し、小倉藩は単独で抗戦を強いられた。七月二十七日の赤坂・鳥越の戦いでは、肥後藩の軍が参戦、長州勢を圧倒する戦いを見せるも、このままでは長州勢を倒す見込みはなく、家老の長岡監物が、小笠原に九州共同一致態勢の構築を求めた。だが、小笠原が小倉を退去する動きをみせたことで、肥後藩等他藩兵は一斉に撤兵してしまう。小笠原は将軍家茂の死去の報を得て戦線を離脱、孤立した小倉藩は八月一日に小倉城に火を放って香春《かわら》（福岡県香春町）に退却した。

この頃、大坂周辺で打ちこわしが発生した。五月一日、摂津西宮の農家が米の安売りを始めたところ、大勢の貧民が米屋に押しかけて安売りを強要、拒否した主人の居宅を打ちこわした。これには二千人が参加した。五月四日には河内富田林《とんだばやし》で上納金に反対し、米価高騰と庄屋の不正に怒って打ちこわしが起きた。

こうした騒動に、薩摩藩主島津茂久と久光は、長州再征に反対して朝廷への七月九日付建言に、

「既に一昨年来、大乱の機顕われ、しばしば干戈《かんか》を動かし、幾多の蒼生《そうせい》を殺し候」と、大乱の兆しがあるとした上で、大坂や江戸で騒動が起きたことを、「足本に卑商・賤民の如き、厳意を憚らず、大法を犯し候儀、所謂民、命に堪えざるの苦情に出で候事にて、忍ぶべからざる次第に御座候」と、危機感を示している。

図 9-13　孝明天皇

孝明天皇の死、四侯会議

慶喜は、上京したわずかな諸侯の会議での「天下之衆議」に基づいて、慶応二年（一八六六）十二月五日に将軍になった。その二十日後の十二月二十五日、孝明天皇が急逝した。死因は天然痘という。三十六歳。在位二十一年、天皇は公武合体の維持を望んできたが、しだいにその考えに批判的な人々が生まれており、第二次長州征討の勅命が下ると、大久保利通は西郷隆盛宛の書簡で「非義勅命ハ、勅命ニ有ラズ候」と公言していた。長州藩も勅命に従わなかった。

慶応三年正月九日、皇太子睦仁《むつひと》親王が践祚するが（明治天皇）、まだ十六歳で元服もしておらず、関白の二条斉敬が摂政となり輔佐した。大葬にともなっての特赦が行われ、二十五日に有栖川宮熾仁《たるひと》親王、明治天皇生母の父である中山忠能《ただよし》、国事御用であった橋本実梁《さねやな》らを始め、正親町三条実愛や岩倉具視も政界に復帰、朝廷内部を掌握するようになり、「天下一新」に向けて動きだした。

　この京都の新たな情勢に、薩摩藩の西郷は二月中旬に土佐に赴いて、前土佐藩主山内容堂、さらに宇和島藩の伊達宗城や各藩の枢要な家臣らと協議し、長州問題や兵庫開港問題などの国事を議する会議の開催を画策した。

　西郷は鹿児島に帰ると、島津久光を説得し、三月二十五日に久光は藩兵七百人を引き連れて鹿児島を出発、四月十二日に入京した。ついで四月十五日伊達宗城、同十六日に松平春嶽、五月一日に山内容堂も入洛した。五月四日、京都の越前藩邸に久光・容堂・春嶽・宗城の四人が集り、四侯会議が始まった。

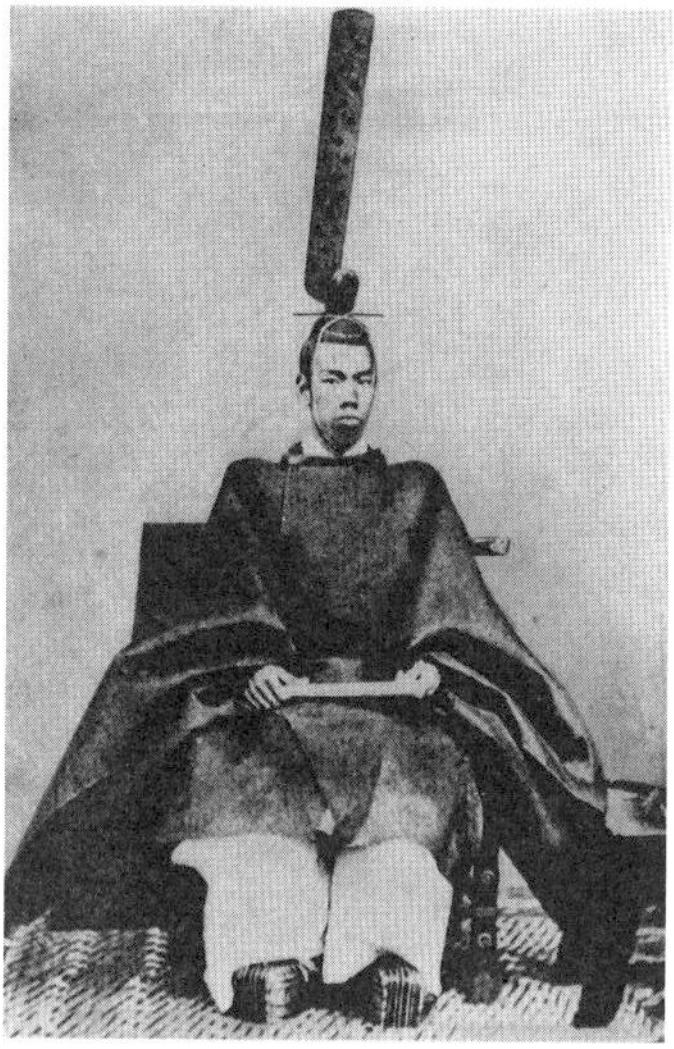

図 9-14　明治天皇

　最初の議題は議奏の人事で、長谷信篤《のぶあつ》・正親町三条実愛を議奏に任じることになり、五月十四日、慶喜は四侯と国事を議し、長州問題と兵庫開港問題の審議に入った。慶喜が欧米列強に強く迫られている兵庫開港の期日が間近いとして、これへの決着を求めた。四侯は挙国一致によって長州藩の「早々鎮定」、長州藩の「冤罪」（名誉回復）に議論を限定すべきであると主張し、話は平行線をたどったが、結局、慶喜の主張の通りに会議は進み、兵庫開港および長州寛典論（藩主毛利敬親が世子広封へ家督を譲り、十万石削封を撤回、父子の官位を旧に復す）が奏請され、勅許された。

一〇 大政奉還へ

薩土盟約、ええじゃないか騒動

薩摩藩の西郷・大久保らは四侯会議の失敗を受けて戦略変更を余儀なくされた。慶応三年(一八六七)五月二十一日、土佐藩上士の板垣退助・谷干城《たてき》・中岡慎太郎らが、西郷・小松・吉井友実らと会見して倒幕運動について協議し、二十五日、小松・西郷・大久保ら総勢十名が久光の御前で長州藩と協力して挙兵することを決意した。

ところが六月十三日、土佐藩参政の後藤象二郎が坂本龍馬とともに長崎から上京した。後藤は将軍慶喜に直接に建白し、将軍が天皇に政権を返上する案を持っていた。六月二十二日、土佐藩の後藤・福岡孝悌《たかちか》・坂本・中岡らと、薩摩藩の小松・西郷・大久保らとの間で薩土盟約が結ばれた。

これは前年に松平春嶽が慶喜に提言した、将軍が朝廷に「天下之大政」を返上する案に、議会制・選挙制をあわせた内容である。この盟約を結びつつも、薩摩の西郷や大久保は討幕を模索していた。八月十四日、西郷と小松は長州の使者に対し、挙兵計画を示した。

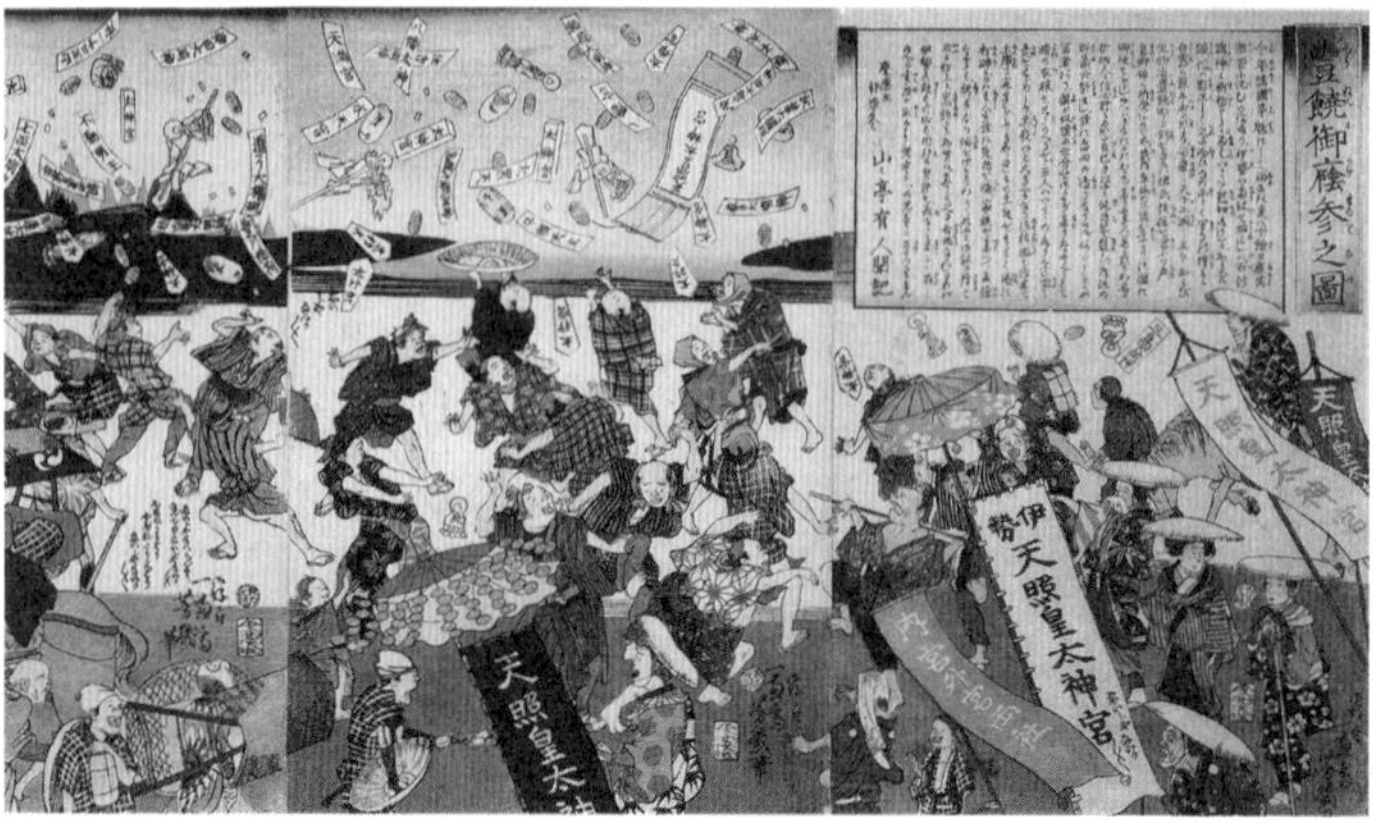

図 10-1　皇大神宮の御札降り

大政返上を求める考えは、早くには文久二年（一八六二）に外国奉行の大久保忠寛が、攘夷は得策ではなく、朝廷が開国を認めずに攘夷実行を迫るならば、徳川家は政権を返上して諸侯の列に下るべきである、と松平春嶽に述べていたが、この時期になると広く唱えられるようになっていた。安芸藩でも政権を朝廷に奉還させ、慶喜が「退きて藩籍」につくことを提唱していて、慶応三年九月三日、同藩家老辻将曹は西郷や後藤と会合し、盟約は三藩間の盟約となった。

薩土芸の盟約がなり、幕府打倒の動きが見えはじめた慶応三年七月ころから、「皇大神宮」の札が空から降ってきたという噂とともに、東海道筋の三河・尾張辺から京・大坂、西は広島・徳島へ、東は江戸・甲府・松本・会津へと、大衆をまきこんだ集団乱舞が「ええじゃないか」等の掛声とともに広まった。

慶応三年の末、下総相馬郡新田村の豪農の子相楽《さがら》総三《そうぞう》は、江戸の薩摩藩邸を拠点とする浪士隊の総裁となった。相楽は文久元年頃に尊攘の志士となって、薩摩藩の伊牟田尚平《いむたしょうへい》、益満休之助《ますみつきゅうのすけ》と知り合い、その紹介で西郷や大久保に近づき、郷士や農商・浪士など五百人からなる浪士隊を結成、関東周辺でゲリラ活動を行い江戸の市中を攪乱したのである。

討幕の動きと大政奉還

「ええじゃないか」の騒動が広がり始めた慶応三年（一八六七）九月十七日、薩摩藩の大久保利通と大山綱良《つなよし》は、挙兵について長州藩と協議するため山口に赴いた。大山は大久保と同じく「精忠組」に属し、剣術示現流の名手であって、寺田屋事件では久光の命によって同志を上意討ちし、薩英戦争では軍賦役を勤め、この挙兵計画案の立案者と見られる。

図 10-2　大山綱良

山口で決まった計画は、京都で兵を挙げ、同志の廷臣と連携して政変を断行し、「一挙奪玉」（天皇の身体の確保）を行い、幕府軍と戦うというものであった。ついで安芸藩もこの計画に加わった。大山は兵動員のため鹿児島に赴き、大久保は京に戻った。三田尻港で毛利広封《ひろあつ》による出兵する長州藩士の閲兵が行われた。

薩長による討幕の動きが進むなか、山内容堂の同意を得た後藤象二郎は、慶応三年十月三日に二条城に登城、容堂の大政奉還建白書と別紙を老中板倉勝静《かつきよ》に提出した。別紙には容堂の「家来共」が草した具体的な施策を列挙し、「天下の大政を議定するの全権は朝廷にあり」と、朝廷への政令の一元化を求め、議会制度や海陸軍備の増強、幕府の「旧弊を改新」することを示し、さらに「朝廷の制度法則」も「弊風を除き、一新改革して地球上に独立するの国本を建つべし」と、国家主権の確立に進むことを展望した。

建白書は政権を朝廷に奉還するという内容で、これに慶喜は、討幕の声が広まるなかで敵対行動を抑える考えから、十月十二日に一会桑の両松平や在京の幕閣を召し、大政奉還の意志を伝え、十三日には、上洛中の十万石以上の藩の重臣を招集して大政奉還の決意書を示して意見を求め、また藩主の上京を命じた。

十四日、正親町三条実愛《おおぎまちさんじょうさねなる》は「朕の心を体し、賊臣慶喜」を討てという討幕の勅諚を大久保利通、広沢真臣《さねおみ》の薩長両藩士に手渡し、長州藩主父子には官位復旧の沙汰書が与えられた。薩長両藩は挙兵を計画していたが、薩摩の軍がなかなか到着せず、決起が遅れるなか、反対派を抑える必要があってのことである。関わった廷臣は岩倉具視・中山忠能・正親町三条実愛・中御門経之《つねゆき》らで、薩摩の小松・西郷・大久保、長州藩の広沢真臣・品川弥二郎《やじろう》・福田俠平《きょうへい》らが請書を出した。同じ十四日、若年寄永井尚志《なおむね》が大政奉還の上表文を起草し上表が行われた。

密勅は陽の目をみることなく、翌十五日に朝廷は大政奉還を許可し、十万石以上の諸侯に上京を命じ、あわせて徳川慶勝、松平春嶽、島津久光、山内豊信・鍋島斉正《なりまさ》を指名し上京を要請した。十六日には、十万石以上の藩の重臣に勅許のなったことを伝え、十七日に十万石以下の大名の上京を十一月末期限に命じた。こうして慶喜は新たな諸侯会議の管轄について、外交問題や朝廷に関する問題、領地間紛争などとし、十月二十四日に将軍職の辞表を朝廷に提出した。

大政を奉還しているのに現職にとどまることへの批判をかわすとともに、新たに生まれる諸侯会議から推戴をうけようという目論見であり、前年に将軍になった成り行きの再現を期したのであろう。しかし事態は前年とは全く異なっていた。

諸大名に上京を命じたものの、形勢を観望するため上京を辞退する大名が相次いで、倒幕の動きが伝えられるなか、何ら主体的な意思決定ができないまま事態は推移した。公武合体を平和裏に行うことを構想していた坂本龍馬は、十月十六日に新政府職制案の「新官制擬定書」を策定、十一月上旬には「船中八策」をもとに「新政府綱領八策」を起草したが、十一月十五日、河原町三条の定宿近江屋で、京都守護職の管轄下にある京都見廻組の佐々木唯三郎らに襲われ、武力討伐を主張した中岡慎太郎とともに殺害された。

図 10-3　永井尚志

十月十七日、大政奉還の儀式が終わるのを見届けた西郷・大久保・広沢らは、山口に入って討幕の密勅を伝え、西郷・大久保は鹿児島に帰って同様に密勅を伝え、挙兵討幕で藩論が決した。十一月十三日に島津茂久が兵を率い、三田尻港を経て十一月二十三日に上京し、二十八日に安芸藩の世子浅野茂勲《しげこと》も入った。その翌日には、長州藩兵が摂津武庫郡打出浜に上陸し西宮に陣を定めた。

王政復古の大号令

土佐の山内容堂の上洛を待って倒幕決行がはかられるなか、慶応三年（一八六七）十二月八日に小御所会議が開催され、長州処分が審議された。在京の大名、諸藩の重臣が意見を提出し、その結果、長州藩は復権、三条実美や岩倉具視ら廷臣が復権した。

九日、待機していた薩摩・安芸・尾張・越前・土佐五藩の兵が御所の九門を封鎖、岩倉具視・島津茂久・山内容堂らが参内して天皇の臨席のもと「王政復古」が宣言された。

「癸丑」の年のペリー来航以來の国難に、孝明天皇がいかに悩んできたのかを記し、国難に対処するためには摂関・幕府を廃絶し、総裁・議定・参与の三職を置き、政治を決する、と宣言したのであり、その際、「諸事、神武創業の始に原《もと》づき」と、神武創業の始めに言及しているのは、幕府や摂関を廃止するためにはそこまで遡らねばならないと考えたためである。

それらとともに内覧・勅問御人数、国事御用掛、議奏、武家伝奏、京都守護職、京都所司代なども廃絶した。徳川慶喜の新体制への参入を排し、五摂家を頂点とする公家社会を解体、天皇親政・公議政治の下で、一部の廷臣と五藩と長州藩からなる新政府を樹立した。

総裁は天皇が幼少のために置かれ、有栖川宮熾仁《たるひと》親王が就任、議定と参与は上下二院制を踏まえたもので、議定は仁和寺宮と山階宮の二親王のほか、中山忠能・正親町三条実愛・中御門経之の廷臣、島津忠義、徳川慶勝、浅野茂勲、松平春嶽、山内容堂であり、徳川慶喜は排除された。

参与は岩倉具視・大原重徳・万里小路博房《ひろふさ》・長谷信篤《のぶあつ》・橋本実梁《さねやな》ら廷臣のほか、政変参加の五藩に武士各藩士三人で、土佐藩では後藤象二郎、神山左多衛、福岡孝弟、薩摩藩では西郷隆盛、大久保利通、岩下方平らであった。

十二月九日夜、御所内の小御所で天皇臨席のもと、「大政一新の基本を肇設《ちょうせつ》し、万世不抜《ふばつ》の国是を建定せんが為に公議を尽す」ように命じた。「天下一新」「大政一新」という名の革命が行われたのである。それは中国の天命による王統の交代である易姓《えきせい》革命ではなく、福沢諭吉が翻訳した revolution の意味での革命である。

最初の三職会議が開かれ、山内容堂が革命を非難して慶喜を新政府に招くことを主張したが、岩倉、大久保らは将軍辞職と大政奉還にあたっては、官位の辞去と領地の返納が付随すべきであると主張した。会議は岩倉・大久保らの意見に沿って、官位の辞去と領地返納を説諭の形で求めることになった。

慶応三年十二月九日の夜を二条城で過ごしていた慶喜に、十日に訪ねてきた徳川慶勝・松平春嶽が、

図 10-4　小御所会議
奥の部屋左側の上下《かみしも》姿は山内容堂，その手前に衣服のみ見えるのが島津茂久．

官位の辞去と領地返納の決定を伝え、不慮の抗争を防ぐため大坂への退去を求めたので、慶喜は大坂城に居を移した。大坂には江戸から兵力が輸送されており、京から大坂に入った諸侯もいた。

また七日には、神戸が開港し、大坂が開市となったこともあり、十六日に慶喜は米英仏蘭伊普六か国公使と会談を行ない、内政不干渉と外交権の幕府保持を承認させ、幕府方に外交権があることを示した。

鳥羽・伏見の戦い、廃仏毀釈

慶喜は薩長方や朝廷と折衝、朝廷の儀式（孝明天皇一周忌）費用に数万両を献金するなどの妥協策をはかったので、朝廷側にも軟化は見られたが、三条実美ら大宰府に幽閉されていた廷臣が京に入った二十七日、天皇臨席のもとで薩長芸土四藩による軍事訓練が行われた。

図 10-5　鳥羽・伏見の戦い

その日、慶喜は辞官・納地を受諾する請書を提出、徳川慶勝・松平春嶽が帰京して慶喜の請書を提出する運びになった。だが、江戸からの情報により、江戸市中の取締りの任にあった庄内藩が、幕閣の支持をえて薩摩藩邸の焼き打ちをしたとの報が入る。薩摩藩邸を根拠地とする相楽総三の浪士隊が、江戸市中や関東各地でゲリラ活動をしていて、薩摩藩邸が焼き打ちの対象になった。ここに江戸では薩摩藩と戦争に入ったという認識が生まれ、大坂城では京への侵攻を主張する声が高まった。

これに押されて、慶長四年（九月八日明治と改元、一八六八）正月一日、慶喜は討薩の表を記し、大目付滝川具《とも》挙《たか》に武装兵による上京を認めた。三日、入京をはかる徳川軍と、武装兵の入京を認めないとする薩長方との局地的交戦があった（鳥羽・伏見の戦い）。私戦ではあったが、始まるとその報を得た大久保・西郷・広沢らの主張によって、四日、仁和寺宮嘉彰《よしあき》親王を征討大将軍に任じて錦旗・節刀を与えた。

これにより薩長軍が「官軍」、徳川軍は「賊軍」となった。

五日、戦場は山城南部の淀・八幡《やわた》に移る。淀藩主の老中稲葉正邦は留守中で、その淀藩に入城を拒否された徳川軍は八幡方向へと後退した。六日、徳川軍は八幡・山崎で官軍を迎え撃ったが、山崎砲台に駐屯していた津藩が、徳川軍への砲撃を始めたことから大坂に戻った。その夜、慶喜はひそかに大坂城を出て、会津・桑名の両松平とともに海路、江戸に退却した。慶喜の退却によって徳川軍は戦争目的を喪失、長州藩は大坂城を接収、大将軍有栖川宮熾仁親王は大坂の西本願寺北御堂を本営として、大坂を制圧した。

七日、小御所に議定・参与・在京諸侯が集められ、総裁の熾仁親王から「慶喜の反状明白、始終朝廷を欺き奉り候段、大逆無道」と、慶喜追討令が出された。この段階で畿内近国をはじめ西南諸藩が新政府側につく見通しがはっきりし、内大臣になったばかりの慶喜の内大臣や、会津・桑名の両松平、老中板倉勝静の官位剥奪の処分が行われた。

慶応四年正月十一日、西宮の警備に向かう備前岡山藩の家老日置帯刀以下の兵が、神戸の居留地予定地近くの三宮神社前で、隊列を横切ろうとしたフランス人水兵と衝突し、発砲する事件をおこし（神戸事件）、外交問題に発展した。参与兼外国事務取調掛東《ひがし》久世《くぜ》通禧《みちとみ》が勅使として神戸に下り、十五日に列国公使団に王政復古がなり、天皇が内外の政治を親裁する体制になったことを通告した。同行の寺島宗則がイギリス公使館通訳サトウと非公式に会談をもっていたこともあって、王政復古の通告を列国公使団が異議なく受け入れ、事件は、責任者の岡山藩兵隊長滝善三郎の切腹、部隊を率いていた家老の日置帯刀の謹慎で、一応の決着を見た。二十五日、条約の諸国は局外中立を宣言した。

薩摩藩では、新政府が成立して「神仏分離令」が出されると、廃仏断行・僧侶還俗を藩に建議していた少壮武士の要求に応じて、廃仏の計画が進められ、明治二年（一八六九）三月島津茂久の夫人が死去すると、葬儀を神式にする事を決定したことから、中元・盂蘭盆会《うらばんえ》の廃止と先祖祭の神式化が命じられ、八月にはすべての寺領が没収された。

この結果、藩内の一〇六六寺はすべて廃寺となり、二九六四人の僧侶はすべて還俗、三分の一は兵士になったという。大龍寺や不断光院・慈眼寺など大寺も廃され、島津家の菩提寺福昌寺は鶴峰神社に改められた。

五か条の誓文

新政府が正当な政府であるということを、諸外国から承認を得るためには、天皇が公使を直接に謁見することが有効であると、サトウから寺島に提案があり、慶応四年（一八六八）二月七日、武家議定六名が連署で建議し「朝典を一定せられ、万国普通の公法を以て（外国人に）参朝をも命ぜられ」、その旨を国内に布告して、広く「人民」に知らせるよう要請した。

二月十五日には堺港で土佐藩兵がフランス水兵を殺傷する事件があったが、政府が「万国普通の公法」に則って殺傷者の処分（切腹）、賠償金の支払い、藩主の謝罪で対応したので、二月三十日に英公使パークス、仏公使ロッシュらが参内し謁見が行われた。

二月三日に親征の詔が発され、総裁・議定・参与の三職と総裁局・神祇・内国・外国・軍防・会計・刑法・制度の各事務局が置かれ、総裁局に全権が集中された。九日、新政府は東征大総督に総裁の有栖川宮熾仁親王を任じ、東山道・東海道・北陸道三道の先鋒総督兼鎮撫使が総計一万の軍勢を率いて十五日までに京都を出発した。

三月十四日、五か条の誓文が発せられた。これには総裁以下の群臣が署名し、三月十四日に四百十一名の公卿と諸侯が署名し、残りの者は後日に署名した。署名者には公卿と諸侯のほか、五月には天皇に直属する朝臣となった旧幕府旗本のうち千石以上の領地を持つ者も加わった。誓文は太政官日誌で布告され、翌日に民衆対策として、五倫の道の奨励、徒党・強訴の禁止、切支丹邪宗門の禁制、外国人加害の禁止、脱籍浮浪化の戒めなど五榜の掲示も出された。

三月二十一日、天皇は大坂親征行幸に出発し、安治川河口の天保山岸壁で新政府海軍の六隻による艦隊行進を観閲、軍事の最高統率者であることを示した。閏四月一日にイギリス公使パークスからヴィクトリア女王の信任状を呈され、新政府は国際的に認知された。閏四月二十一日に政府は政治体制を定めた政体書を公布したが、その冒頭で「大いに斯《この》国是を定め制度規律を建つるは御誓文を以て目的とす」と記して誓文の五か条全文を引用し、三職八局制を改め、太政官七官を設置し、「立法・

行法・司法の三権」の分立とした。

江戸城無血開城と戊辰戦争

京都で新政権の体制整備が進むなか、徳川慶喜は正月十二日に江戸城に帰り着くと、十七日に勝海舟を海軍奉行並《なみ》に復帰させ、二十三日に陸軍総裁に任じつつ、恭順、天裁を待つという立場に転じた。徹底抗戦を唱える勘定奉行小栗忠順《ただまさ》や若年寄永井尚志らを罷免し、両松平（容保・定敬）の登城を禁止した。

二月十一日に旗本・御家人の総登城を命じて、絶対恭順の方針を伝え、二月十二日には江戸城を出て、上野寛永寺にこもって恭順の意を示した。勝には新政府側との折衝を委ね、松平春嶽や山内容堂を通じて新政府側に徳川家救済を働きかけた。

京都を二月十五日までに発した新政府軍の大総督府参謀は西郷隆盛、東海道先鋒総督府参謀は長州の木梨精一郎と薩摩の海江田信義、東山道先鋒総督参謀は土佐の板垣退助であるなど、新政府軍は薩長土の藩兵が中心であった。

三月十三日から十四日にかけて、薩摩藩邸で西郷と勝との会談があり、慶喜の除名と水戸徳川家での謹慎、徳川家の家名存続、軍艦兵器や江戸城の引き渡し（無血開城）が決まった。

四月十一日、江戸城が接収され、二十一日に大総督が入場して明け渡しが完了し、閏四月二十九日に田安亀之助（徳川家達《いえさと》）に家督相続が認められ、駿府七十万石となった。しかしこれに不満な海軍副総裁榎本武揚は最新鋭の軍艦開陽・富士山など七隻の艦隊とともに、四月十一日、品川沖から房州館山に逃れ、歩兵奉行大鳥圭介らは下総に脱し、常陸・下野で威を振るった。この状態に危機感を抱いた大村益次郎は、旗本の一部が彰義隊と称し上野寛永寺の山内で抵抗していたのを五月十五日に攻撃して壊滅させた。

三月下旬に奥羽鎮撫総督九条道孝は、参謀大山綱良・世良修蔵らとともに仙台に入って東北諸藩に会津藩征討の命を発した。仙台藩は米沢藩とともに会津藩主松平容保の逃げ籠った会津藩の謝罪と寛典の斡旋を行ない、閏四月十一日、奥羽十四藩の重臣を仙台藩領白石《しろいし》（宮城県白石市）に集め、総督府に会津の赦免嘆願書を提出した。総督府がこれを拒否し、両藩主に出兵を命じると、両藩主は新政府に不信感を抱き、また朝敵となった会津藩と江戸市中取締をしていて薩摩藩邸を焼き討ちした庄内藩に同情的な両藩主は、その命令を不服として、藩兵を引き上げた。これをきっかけに会津・庄内両藩征討のため出兵していた諸藩も撤兵した。

閏四月二十三日、奥羽二十五藩が仙台に集まって奥羽列藩同盟を形成、五月三日に統一して行動する白石盟約書を採択した。この奥羽列藩同盟には、会津藩と盟約を結んでいた長岡藩や新発田藩等の北陸六藩も加わって、計三十一藩による奥羽越列藩同盟が成立した。会津・庄内両藩は会庄同盟として協力する形をとった。

六月、上野戦争から逃れてきた輪王寺宮公現法親王が仙台城下に迎えられ、盟主が仙台藩から輪王寺宮に移り、諸藩平等な連合による公議府が白石城におかれ、新政権樹立へと動いた。しかし新政府軍が白河口・平潟口・越後口から会津を攻め、会津領に入るなか、七月に長岡藩が敗北、秋田藩が同盟を脱退し、八月に二十一日に会津の猪苗代城が落城、翌日、会津城外の白虎隊が潰走、会津藩は籠城に入った。

九月十二日に米沢藩・仙台藩が降伏して同盟が崩壊、会津藩も降伏し、新政府軍の諸隊は京都に凱旋した。この間、薩摩藩からは銃隊四十一隊、砲隊六隊、軍艦二隻、約八千人が従軍し、五百七十人余が戦死した。

廃藩置県

慶応四年（一八六八）七月に江戸を東京と改称し、八月に明治天皇の即位礼があり、九月八日明治と改元。翌二年三月に天皇が東京に移ることになって、東海道を東行して多摩川の船橋（図10‐6）を渡り、品川・京橋を経て江戸城に入った。

薩摩藩では明治元年十二月、新政府軍に加わり転戦から帰郷した下級武士たちが藩政の弊風の打破、全面的な改革を要求して藩庁に迫り、下級士族による藩政参加が実現した。諸役の廃止・合併、職制の一部変更が見られ、家老座を議政所に、学制を刷新、役人の数を減らした。兵士たちの指導的立場

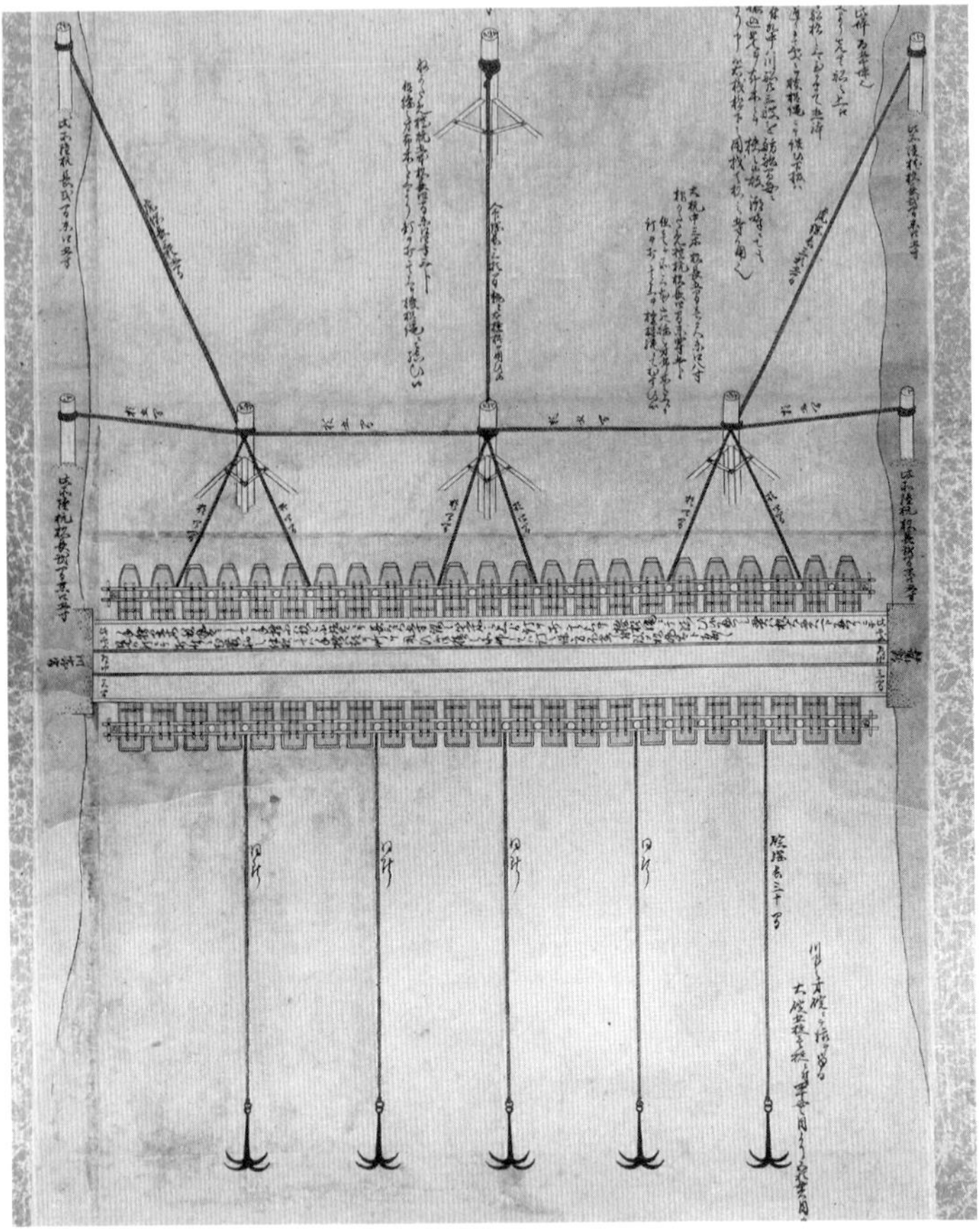

図 10-6　多摩川の船橋
明治天皇東幸のため多摩川に架設された船橋．23 艘の川船を連ねた．画面左が川崎宿，右が八幡塚村．

にあったのは川村純義・野津鎮雄・伊集院兼寛など薩摩藩諸隊の隊長で、公然と島津久光に建白した。久光はこの要求をおさえるため西郷や大久保らを鹿児島にまねくが、川村らは大久保の説得に承服せず、門閥保守派はあいついで藩政から追放された。

翌二年正月、島津忠義は版籍奉還を上奏し、門閥打破や藩政の刷新を表明、鹿児島城から磯の別邸にうつり、藩政と家政を分離した。四月に知政所に執政（当分欠員）・参政・公議人を置き、事務局に軍務・会計・糾明・監察の四局を置き、各役人を任命すると、忠義は日当山《ひなたやま》（鹿児島県霧島市）に西郷を訪ねて協力を要請、これを了承をした西郷は鹿児島に戻って参政に就任した。

六月に版籍奉還が勅許となり、諸郷常備隊が編成されて銃兵・砲兵・海軍に大別され、常備兵だけで百五十一小隊となった。鹿児島城の前に練兵場が設けられ調練が行なわれるようになった。当時の写真によると、薩摩軍の兵士は洋服を着用し、日本刀や洋式銃、あるいはピストルを携えている。

八月に寺領が没収され、また私領返上を許可、家格を廃し、旧門閥諸家や諸士の世禄削減を行なった。一門以下九家は千五百石、一般の士族は二百石まで認められた。

九月、島津忠義は鹿児島藩知事となり、旧藩の領域をそのまま継承、薩隅二国と日向の諸県郡、奄美群島、ほかに琉球国を属国とし、支配地の高は約八十七万石で、藩内寺院を全廃した。また薩摩藩が設立し、鹿児島から堺に渡った職工たちの技術指導による堺紡績所（図10-7）の操業が始まった。

明治四年二月、藩知事と久光に藩政改革と練兵に尽したとして褒賞が授与され、七月に廃藩置県が実施された。知政所は鹿児島県庁と改められ、九月、旧藩兵は解体され、全常備兵と予備兵が吉野原（鹿児島市）に集められ、最後の一大調練が実施された。刑法が改正され、諸役人の定員が削減され、役場の統廃合を行なった。十一月にこれまでに置かれた鹿児島・飫肥《おび》・佐土原・延岡・高鍋・人吉《ひとよし》・日田《ひた》の七県が廃止され、新たに鹿児島・都城・美々津《みみつ》の三県が置かれ、鹿児島県の管轄範囲は、薩摩

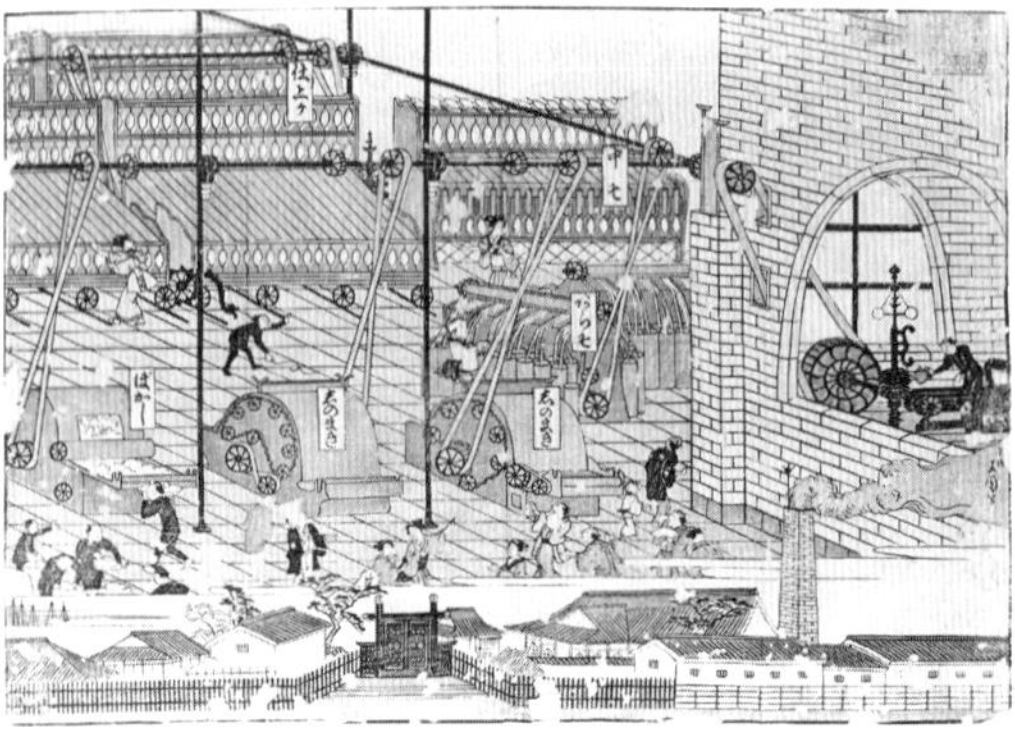

図 10-7　堺紡績所(戎島紡績所)

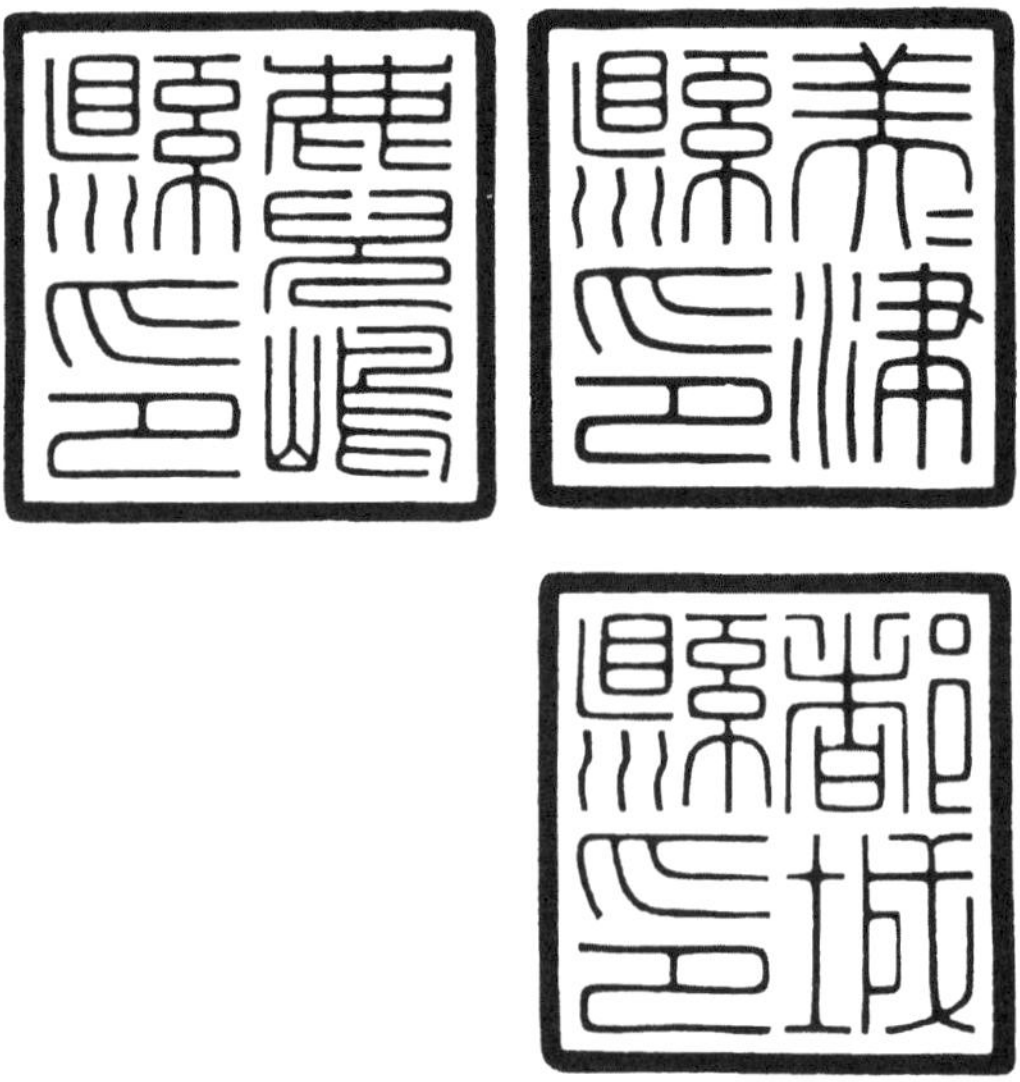

図 10-8　(右上)美々津県印，(右下)都城県印
(左上)鹿児島県印

一国と大隅のうち熊毛・馭謨《ごむ》・大島の三郡の他に琉球国を含めた石高三十二万石に限定された。

翌五年に政府は琉球国王を琉球藩王とし、華族に列すると宣告、その外交事務を外務省に移管した。

なお島津久光は明治二十年に亡くなり、忠義は同三十年に亡くなった。

おわりに

島津氏と薩摩藩の中世から近代にかけての八百年の政治・文化、社会の動きを書き終えた。そこから見えてきたのは、島津氏の動きが日本史全体と連動していることである。さらに島津氏が薩摩藩国家を形成し、幕末期には長州藩と並んで倒幕の一大勢力となったその要因は、まず薩摩藩武士が鹿児島城下に集住せず、各地の「麓」にあって郷中教育を通じて力を蓄えてきたことがあげられる。

それだけではなく、日本列島の西南端に位置して、琉球・中国、さらに西欧諸国との交流があり、長崎を通じて多くの情報を入手したことによって、日本を相対化して見ることができた。鎌倉・京都・江戸など政権中枢に対応してきたことなどから、島津氏の歴代、とりわけ開明的な島津斉彬《なりあきら》の下で、西郷隆盛や大久保利通などの有能な倒幕の志士が育ったこと、これが最も大きな要因であったと言える。

ところが、維新の原動力になり文明化を構想した斉彬・隆盛・利通らは、その夢の達成を見る前に早く亡くなってしまい、明治国家の成り行き見ることはなくなった。明治国家は彼らの構想通りの国家であったのだろうか。

参考文献

吉田光邦「海と島々」『江戸時代図誌』24南島、筑摩書房、一九七七年
原田伴彦・山口修「薩州の尚武」『江戸時代図誌』23西海道二、筑摩書房、一九七七年
義江彰夫『鎌倉幕府地頭職成立史の研究』東京大学出版会、一九七八年
福島金治編『島津氏の研究』（戦国大名論集16）吉川弘文館、一九八三年
田中健夫「三宅国秀の琉球遠征計画をめぐって」
喜舎場一隆「「あや船」考」
伊東久之「戦国時代における地方文化と京都」
松下志朗・下野敏見編『鹿児島の湊と薩南諸島』（街道の日本史55）吉川弘文館、二〇〇二年
長谷川直司編著『近代化遺産　産業編』（『日本の美術』五四四号）至文堂、二〇一一年
坂野潤治『西郷隆盛と明治維新』講談社、二〇一三年
坂上康俊他『宮崎県の歴史』（〔新版〕県史45）山川出版社、二〇〇六年
島津登志子「光蘭院貞姫の近衛家入輿と島津久光」（放送大学大学院歴史研究会編『放送大学日本史学論叢』四号）、二〇一七年
橋村　修「近世末期「旧薩藩沿海漁場図」の構図と記載事項」（『歴史と民俗―神奈川大学日本常民文化研究所論集―』三三）平凡社、二〇一七年
原口泉他『鹿児島県の歴史』（〔新版〕県史46）山川出版社、二〇一一年
原口泉他『鹿児島県の近現代』山川出版社、二〇一五年
近藤成一『鎌倉時代政治構造の研究』校倉書房、二〇一六年

重久淳一「南九州の社家町小考」(『鹿児島考古』四二)、二〇一二年
米沢英昭「鹿児島藩の交易と志布志湊」(『志布志市誌』上巻)、二〇二三年
山下真一『鹿児島藩の領主権力と家臣団』岩田書店、二〇二三年
都城島津邸編『島津荘―平安・鎌倉期における南九州と都城―』(令和五年度(二〇二三)都城島津伝承館特別展図録)、二〇二三年
五味文彦「領主支配と開発の展開」(『史学雑誌』七七編八号)、一九六八年
同　『文学で読む日本の歴史』全五巻、山川出版社、二〇一五年―二〇二〇年
同　『学校史に見る日本』みすず書房、二〇二一年

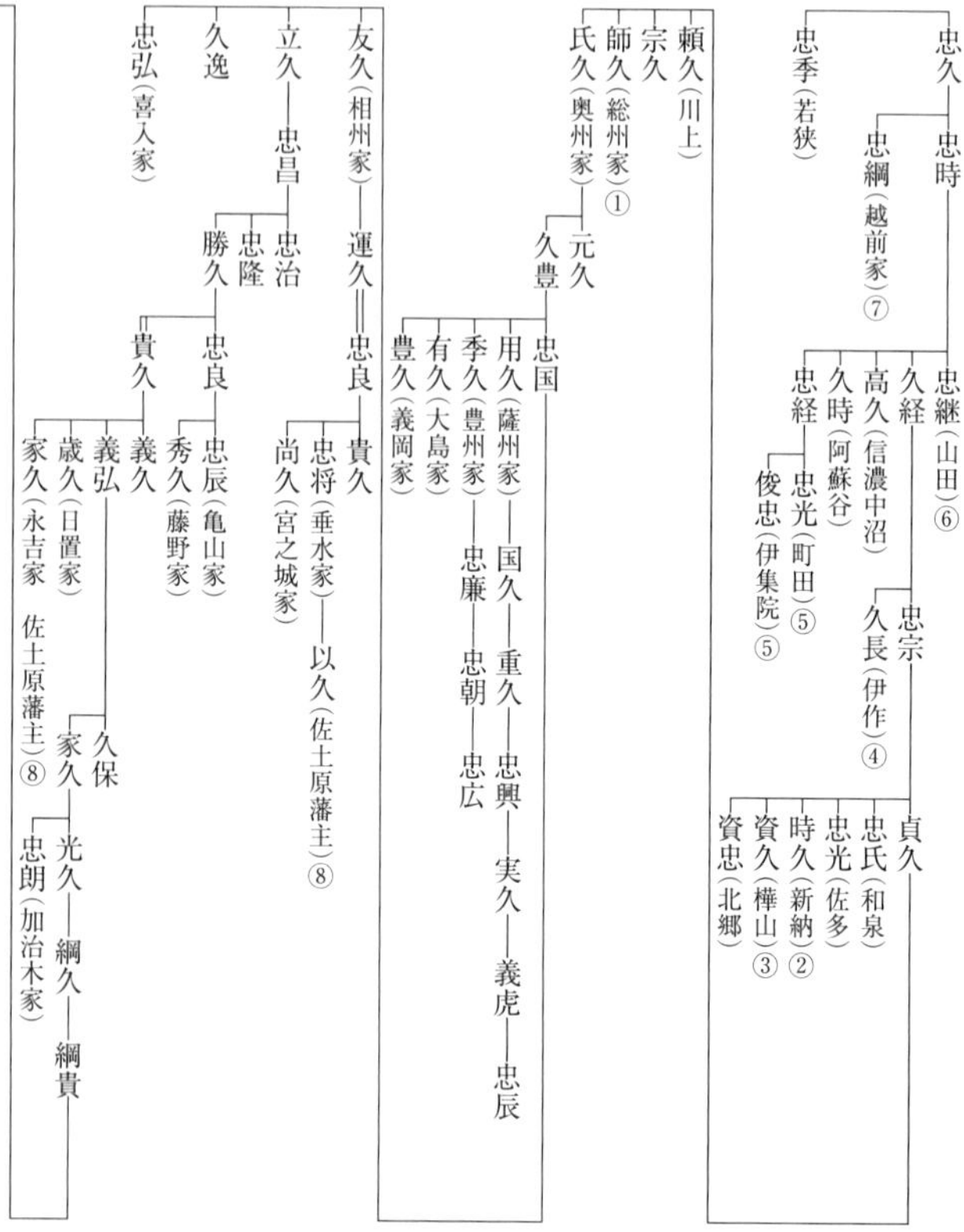
忠久
忠季（若狭）
忠時
忠綱（越前家）⑦
忠継（山田）⑥
久経
高久（信濃中沼）
久時（阿蘇谷）
忠経
忠光（町田）⑤
俊忠（伊集院）⑤
忠宗
久長（伊作）④
貞久
忠氏（和泉）
忠光（佐多）
時久（新納）②
資久（樺山）③
資忠（北郷）
頼久（川上）
宗久
師久（総州家）①
氏久（奥州家）
元久
久豊
忠国
用久（薩州家）
国久
重久
忠興
実久
義虎
忠辰
季久（豊州家）
忠廉
忠朝
忠広
有久（大島家）
豊久（義岡家）
友久（相州家）
運久
忠良
貴久
忠将（垂水家）
以久（佐土原藩主）⑧
尚久（宮之城家）
立久
忠昌
忠治
忠隆
勝久
忠良
忠辰（亀山家）
秀久（藤野家）
貴久
義久
義弘
久保
家久
光久
綱久
綱貴
忠朗（加治木家）
歳久（日置家）
家久（永吉家　佐土原藩主）⑧
久逸
忠弘（喜入家）

島津氏系図

吉貴—久儔（花岡家）
吉貴—継豊—宗信
継豊—重年—重豪—斉宣—斉興—斉彬＝忠義（公爵）
斉興—久光（玉里家　公爵）—忠義
久光—珍彦
久光—忠済
吉貴—忠紀（越前家・重富家）⑦
吉貴—忠郷（今和泉家）

①師久流（総州家）

師久—伊久—守久—久世—久林
伊久—久安（碇山）
伊久—忠朝（相馬）
伊久—久照

②時久流新納氏

時久—実久—忠臣—忠治—忠続
忠続—忠明—忠武—忠勝—忠茂—武久—忠真—久元＝忠影—久辰—久珍—久邦—久謐—久宝—久世
是久—友義—忠祐—祐久—忠元—忠尭—忠光＝忠清
忠元—忠増
友義—忠澄—康久—久饒—久詮—久了
康久—旅庵

③資久流樺山氏

資久＝音久—教宗—孝久—満久—長久—広久—善久—忠副
善久—忠助—矩久—忠征
忠助—久高—久守—久辰＝久尚＝久広—久清—久福
久福—忠郷—久初—久智—久言—久相—久要

④久長流伊作氏

久長—宗久—親忠—久義—勝久—教久—犬安丸＝久逸—善久—忠良
親忠—十忠

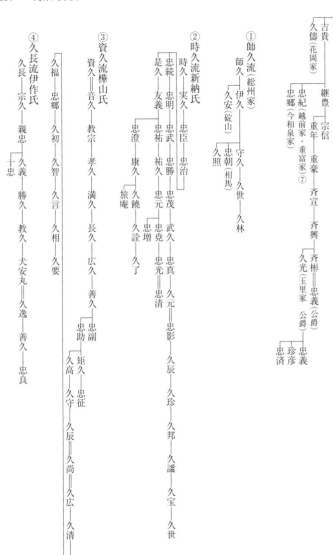

⑤忠経流町田氏・伊集院氏

忠経
- 忠光（町田）―光俊―経俊―道俊―実氏―助久―清久―忠良―成久―俊久＝高久―頼本―梅吉―梅久―忠栄―久徳―久倍＝久幸＝忠尚―久東―久居―久儔＝久張―久視―久要―久長
  - （清久）―久清（阿多）
- 俊忠（伊集院）―久兼―久親―忠親―忠国
  - 久氏―頼久―熙久―経久―久雄―忠増―忠能＝久族＝久朝―久弘―久矩―久馮―久通＝久房―久甫―久武―久照
    - （頼久）―倍久―忠公―忠朗―忠倉―忠棟―忠真
      - （忠棟）―小伝次
      - （忠棟）―三郎五郎
  - 久俊（今給黎）―久昌―久通―久治
    - （久俊）―久綱―久次―久春―久族
  - 石屋真梁

⑥忠継流山田氏

忠継―忠真―土用熊丸
- （忠真）―宗久―忠経―忠興―久興―忠尚―忠広―忠豊―久親―忠時―久武―久通―久貞―久陳―久福―久房―久柄＝久敬
- （忠真）―直久

⑦越前・播磨島津氏→重富島津家

忠綱―忠行―行景―忠政
- （忠行）―忠幹―忠藤―忠兼―忠親
  - （忠兼）―範忠―忠億―忠秀―忠光―忠勝―忠持―忠長―（中絶）―忠紀―忠救―忠貫＝忠公＝忠教〔久光〕―珍彦〔忠鑑〕（男爵）

⑧日向国佐土原藩主

忠良―貴久―家久―豊久
- （忠良）―忠将―以久―彰久―久信（垂水家）
  - （以久）―忠興―久雄―忠高―惟久―忠雅―久柄―忠持―忠徹―忠寛―忠亮〔子爵→伯爵〕
    - （忠興）―久富―久寿

図・表目録

図 1-1　郡元西原遺跡　領主館推定規模図　都城島津邸『島津荘』　＊原図：都城市教育委員会事務局文化財課『都城市文化財調査報告書第 149 集　郡元西原遺跡―確認調査総括報告書―』
図 1-2-1　日向国荘園・公領　坂上康俊他『県史 45 宮崎県の歴史』．一部改変
図 1-2-2　大隅・薩摩国中世郷荘　『角川日本地名大辞典 46 鹿児島県』．一部改変
図 2-1　大隅正八幡宮をおがむ一遍　『一遍聖絵』(清浄光寺(遊行寺)所蔵)
図 2-2　大隅正八幡宮宮内遺跡　重久淳一「南九州の社家町小考」(『鹿児島考古』42) より
図 2-3　薩摩国伊作庄日置北郷下地中分絵図　東京大学史料編纂所所蔵
図 2-4　第 1 次・第 2 次南九州国人一揆における薩摩・大隅両国国人たちの分布　原口泉他『県史 46 鹿児島県の歴史』．一部改変　＊出典：服部英雄「相良氏と南九州国人一揆」(『歴史学研究』514)
図 3-1　薩摩・大隅・日向(一部)国の中世城館跡分布　同上
図 3-2　中世前期の万之瀬川下流地域　柳原敏昭『中世日本の周縁と東アジア』
図 3-3　島津貴久
図 4-1　島津義弘
図 4-2　秀吉軍の行軍　中野等『石田三成伝』
図 4-3　文禄の役略図
図 4-4　慶長の役略図
図 5-1　関ヶ原の島津軍　「関ヶ原合戦図(井伊家伝来資料)」(部分)(彦根城博物館所蔵)　画像提供：彦根城博物館／ DNPartcom
図 5-2　島津家久
図 5-3　薩藩御城下絵図　鹿児島県立図書館所蔵
図 5-4　野間の関　「野間の関図」(出水市歴史民俗資料館所蔵)
図 5-5　琉球人の江戸上り　「琉球入朝図絵巻」(沖縄県立博物館所蔵)
図 5-6　郷士子弟の集団訓練　『倭文麻環』8(鹿児島大学附属図書館所蔵)
図 6-1　山川港　「薩藩勝景百図」(東京大学史料編纂所所蔵)
図 6-2　苗代川　同上
図 6-3　田の神　霧島市横川町上ノ所在　霧島市教育委員会提供
図 6-4　近世薩摩国・大隅国郡郷図　『角川日本地名大辞典 46 鹿児島県』．一部改変
図 6-5　薩南諸島　松下志朗・下野敏見編『街道の日本史 55 鹿児島の湊と薩南諸島』
図 6-6　奄美の家屋　名越左源太『南島雑話』(奄美市立奄美博物館所蔵)
図 6-7　夜，門の上に止まる鶏　同上
図 6-8　甘蔗をしぼる　同上

図 7-1　島津重豪
図 7-2　造士館　『三国名勝図会』2
図 7-3　調所広郷
図 7-4　鹿野谷の牛合せ　橘南谿『西遊記続編』3(茨城大学図書館所蔵)
図 7-5　知覧の武家屋敷　写真協力：鹿児島県南薩地域振興局
図 7-6　開聞神社　『三国名勝図会』23
図 7-7　鹿児島の綱引き　橘南谿『西遊記続編』5(茨城大学図書館所蔵)
図 7-8　島津斉興
図 7-9　島津斉彬　黒田清輝筆
図 7-10　反射炉跡　写真協力：公益社団法人鹿児島県観光連盟
図 7-11　旧集成館機械工場
図 8-1　首里城を訪問するペリー一行　『ペリー提督日本遠征記』(英文)
図 8-2　安政の江戸大地震で被災した大名屋敷　「江戸大地震之図」(東京大学史料編纂所所蔵)
図 8-3　昇平丸　「昇平丸御軍艦」(福井県公文書館寄託)
図 8-4　徳川慶喜　金井圓編訳『描かれた幕末明治—イラストレイテッド・ロンドン・ニュース日本通信 1853-1902—』
図 8-5　井伊直弼　豪徳寺所蔵
図 8-6　キューパー　金井圓編訳『描かれた幕末明治—イラストレイテッド・ロンドン・ニュース日本通信 1853-1902—』
図 8-7　鹿児島を砲撃する英国艦隊　同上
図 8-8　薩摩藩の生麦事件英国人殺害賠償金支払い　同上
図 9-1　島津久光
図 9-2　異人館　写真協力：公益社団法人鹿児島県観光連盟
図 9-3　長州側砲台の砲撃開始　金井圓編訳『描かれた幕末明治—イラストレイテッド・ロンドン・ニュース日本通信 1853-1902—』
図 9-4　砲台を占拠した英国軍　横浜開港資料館『F・ベアト幕末日本写真集』
図 9-5　勝　海舟
図 9-6　西郷隆盛　キヨソーネ筆
図 9-7　毛利敬親　原田直次郎筆(山口県立山口博物館所蔵)
図 9-8　大久保利通　キヨソーネ筆
図 9-9　岩倉具視　高橋由一筆
図 9-10　坂本龍馬
図 9-11　パークス
図 9-12　ロッシュ　クリスチャン・ポラック『絹と光—知られざる日仏交流 100 年の歴史—』
図 9-13　孝明天皇　泉涌寺所蔵

図 9-14　明治天皇
図 10-1　皇大神宮の御札降り　「豊饒御蔭参之図」（名古屋大学附属図書館所蔵）
図 10-2　大山綱良
図 10-3　永井尚志
図 10-4　小御所会議　聖徳記念絵画館所蔵
図 10-5　鳥羽・伏見の戦い　「明治元年伏見鳥羽戦争図草稿」（京都国立博物館所蔵）
図 10-6　多摩川の船橋　森五郎作筆「明治天皇東幸ニ付玉川船橋詳図」（部分）（郵政博物館収蔵）
図 10-7　堺紡績所（戎島紡績所）　堺市博物館『堺―その歴史と文化―』
図 10-8　美々津県印・都城県印・鹿児島県印　木内武男『日本の官印』
巻末　島津氏系図　『国史大辞典』7「島津氏」（執筆五味克夫）による

表 1-1　大隅国・薩摩国荘園公領一覧　工藤敬一『荘園公領制の成立と内乱』
表 1-2　薩摩国惣地頭配置　原口泉他『県史 46 鹿児島県の歴史』
表 3-1　福昌寺仏殿造営奉加帳記載人名の分析　福島金治『戦国大名島津氏の領国形成』

著者略歴

一九四六年、山梨県に生まれる
一九七〇年、東京大学大学院修士課程修了
神戸大学講師、お茶の水女子大学助教授、
東京大学教授、放送大学教授等を経て
現在、東京大学名誉教授、放送大学名誉教授

〔主要編著書〕
『文学で読む日本の歴史』全五巻（山川出版社、二〇一五―二〇二〇年）
『鎌倉時代論』（吉川弘文館、二〇二〇年）
『『一遍聖絵』の世界』（吉川弘文館、二〇二一年）
『学校史に見る日本』（みすず書房、二〇二一年）

島津氏と薩摩藩の歴史

二〇二四年（令和六）九月十日　第一刷発行

著　者　五《ご》味《み》文《ふみ》彦《ひこ》
発行者　吉川道郎
発行所　株式会社 吉川弘文館
郵便番号一一三―〇〇三三
東京都文京区本郷七丁目二番八号
電話〇三―三八一三―九一五一〈代表〉
振替口座〇〇一〇〇―五―二四四番
https://www.yoshikawa-k.co.jp/

印刷＝藤原印刷株式会社
製本＝株式会社 ブックアート
装幀＝渡邉雄哉

ISBN978-4-642-08454-3